Elegir el éxito

Biografía

Bernabé Tierno es licenciado en Filosofía, Ciencias de la Educación y Psicología, especialista en Psicopedagogía por la Escuela Superior de Psicología de la Universidad Complutense de Madrid y miembro de la Sociedad Española de Medicina Legal y Social, así como de la Sociedad Española de Pedagogía.

Colaborador habitual en los medios de comunicación —prensa, radio y televisión— y conferenciante infatigable, es autor de numerosas obras, entre las que cabe destacar: *El fracaso escolar*, *Cómo estudiar con éxito*, *La enseñanza: asignatura pendiente*, *El libro de los valores humanos*, *Ser buenos padres*, *Tu hijo: problemas y conflictos*, *Adolescentes. Las 100 preguntas clave*, *Dudas y errores del lenguaje* —en colaboración con Rosa Velasco—, *Las mejores técnicas de estudio*, *Elegir el éxito*, *Guía para salvar el curso*, *Saber educar* —en colaboración con Antonio Escaja— y *El psicólogo en casa*.

Elegir el éxito

Triunfa sin traicionar tus principios

Bernabé Tierno

Temas de Hoy

Primera edición en esta colección: febrero de 1998

Paseo de la Castellana, 28 - 28046 Madrid (España)
Edición especial para Ediciones de Bolsillo, S. A.

Diseño de cubierta: BaseBCN
Fotografía de cubierta: © Sílvia Aguado

ISBN 84-7880-764-0
Depósito legal: B. 1.676 - 1998
Fotomecánica cubierta: Nova Era
Impresor: Litografía Rosés
Impreso en España - Printed in Spain

INDICE

Poderosa ayuda recibirá quien se afirme en la idea de que es quien desea y debe ser, no con la esperanza de serlo, sino con la convicción de que ya lo es. Quien así proceda, se sorprenderá de ver cuán pronto queda trazada en el carácter la modalidad que anheló realizar en la vida.

O. S. MARDEN

El hombre común que tiene éxito no es un genio. Es un hombre que sólo tiene cualidades ordinarias, pero que las ha desarrollado en un grado que trasciende lo ordinario.

T. ROOSEVELT

INTRODUCCION

Las expectativas son la clave de todo.

S. WALTON

Querido lector: Me parece obligado que, antes de iniciar una lectura atenta y provechosa de este libro, conozcas algo de mi vida, de mis inquietudes.

Desde muy joven, siempre en contacto con los niños y adolescentes como profesor, me di cuenta de que el fracaso escolar, tema sobre el cual escribí mi primer libro, no se debía en la mayoría de los casos a falta de aptitudes intelectuales, sino a que los estudiantes no habían recibido el adiestramiento necesario en técnicas de estudio, ni se les había ilusionado y entusiasmado con la asignatura. Y, además, que los propios profesores no estaban motivados.

Por eso, en mi segundo libro, *Cómo estudiar con éxito,* ofrecí toda clase de estrategias para lograr unos mejores resultados escolares y un incremento de la autoestima y del sentimiento de competencia. Seguí publicando otros para ayudar a padres y educadores: *Tu hijo: problemas y conflictos, Adolescentes. Las 100 preguntas clave,* etc.

Ultimamente, he escrito con total dedicación *Valores*

humanos. En esta obra, de la que han aparecido ya tres tomos, insisto hasta la saciedad en una idea clave: «El primer valor es uno mismo», y a este valor deben ir supeditados todos los demás valores. Cada uno de nosotros tiene la ineludible obligación de ser su mejor amigo, de cuidar de sí, de tratarse con ternura, de valorarse, de perdonarse, de llenarse de sabiduría y amor a la vida. En la medida en que logremos estos objetivos seremos útiles a nosotros mismos, a los demás y a la sociedad.

Estoy firmemente convencido de que la «asignatura pendiente» que venimos arrastrando desde hace años la mayoría de las personas es «saber vivir», acertar a encarar la vida con verdaderas expectativas de éxito. Me refiero al éxito alcanzado por medios honrados, como resultado de un trabajo diario, persistente —en solitario o con ayuda—, realizado poniendo en juego las mejores actitudes y aptitudes de cada uno al servicio de sí mismo y de la sociedad en que vive.

Dada la situación actual en que parecen abundar los «listos», que no necesitan del esfuerzo ni del tesón para alzarse de la noche a la mañana con una fortuna, obtenida por arte de birlibirloque, cuyo recuento resulta mareante, puede parecer paradójico que alguien escriba un libro para ofrecer un método sencillo de conseguir el éxito. Método sencillo, sí, pero no mágico, que se basa en el trabajo de cada día, de cada hora; un trabajo de mejora, de transformación de la persona en toda su integridad, ya que si se olvidan algunos aspectos importantes puede suceder que el éxito alcanzado sea momentáneo y no colme las aspiraciones, los deseos más íntimos que están dentro de cada uno y que hay que esforzarse por descubrir. Estos deseos marcarán los objetivos de nuestra vida y nos irán conduciendo a la meta elegida.

Aunque puede haber personas cuyo valor máximo sea el acceso al dinero, que se sienten deslumbradas por el oropel de las ganancias cuantiosas y fáciles, que admiran y se identifican con aquellos que parecen haber llegado al culmen de la riqueza en un tiempo récord y sin cuestionarse los métodos para alcanzarlo, no es ése el sentir general.

Afortunadamente, la sociedad tiene plena conciencia de que existe una profunda crisis de valores éticos en este ambiente tan impregnado de formas de comportamiento poco ortodoxas, sobre todo de algunas personas de la clase dirigente (que debe ser modelo de virtudes cívicas para los ciudadanos), por lo que manifiesta un profundo rechazo hacia esta situación. Pero no es un rechazo catastrofista, sino un sentimiento positivo. La mejor forma de atajar el problema es analizarlo para comprenderlo en toda su magnitud. Pensemos primero en el significado de la palabra crisis. Dicen que este término se expresa en chino con dos caracteres, uno de los cuales significa «peligro» y el otro «oportunidad». Nos detendremos brevemente en cada uno de ellos.

Existe peligro de que el clima de corrupción impregne tanto la vida social, que las actitudes, las creencias, los comportamientos generalizados se vayan modificando insensiblemente en una dirección en que todo respeto a la dignidad personal, a uno mismo y a los demás, con todo lo que esto conlleva como norma de convivencia, sea considerado algo caduco, sin valor, que no hay que tener en cuenta siquiera. Existe peligro de que vaya tomando carta de naturaleza el pensamiento de que lo que prima es el «valor» de obtener lo que se quiere, en el momento que se desea y a costa de cualquier cosa o persona. Existe peligro de que se generalice la creencia de que «todo es válido» con tal de conseguir aquello que uno quiere, sin detenerse a pensar por qué y para qué lo quiere y con qué medios cuenta para conseguirlo.

Es importante tener en cuenta este peligro sobre todo cara a la infancia, la adolescencia y la juventud, los períodos en que se forma la personalidad, se interiorizan las ideas y las creencias, y se afirman los comportamientos. No hay que olvidar que los hábitos de conducta se adquieren por imitación en los primeros años de la vida. Así pues, existe el peligro de que la norma de conducta que adquieran gran parte de los jóvenes no facilite la convivencia, sino que potencie la creencia de que alcanzará sus objetivos materiales quien menos escrúpulos tenga, aquel que no se plantee ningún problema de conciencia al actuar y arrasar a quien se le ponga por delante, olvidando que la vida humana es algo más que materia. Por tanto, hay que plantearse otros objetivos que la humanicen cada vez más.

Pero dejemos a un lado el peligro; sabemos que existe y no vamos a cerrar los ojos ante él. Nos centraremos en la oportunidad, que es tan real como el mismo peligro y, sin embargo, nos ofrece la posibilidad de remontarnos y salir de este marasmo, de la inoperancia. ¿Cómo lograrlo? Desde luego, no negando la evidencia, sino reconociendo, en primer lugar, que algo no marcha según nuestros deseos: ésa es la primera condición para remediar la situación y empezar a poner los medios adecuados para alcanzar el fin, que es la mejora en todos los órdenes. Pero alguien argüirá: «No está en nosotros, simples ciudadanos de a pie, la posibilidad de redactar normas, tomar las medidas que acaben con la situación pública que nos ahoga; no está en nosotros poner fin a la falta de honradez que demuestran algunos personajes; no podemos terminar con el paro, no podemos terminar con la droga, no podemos integrar a todos los individuos marginados que duermen en las calles.»

¿Quiere esto decir que no podemos hacer nada? Claro que podemos hacer, y mucho. Tenemos que empezar a transformarnos nosotros mismos, a trabajar en pro de nuestra mejora personal; si hacemos esto se irá cambiando la sociedad, porque nosotros somos la sociedad. Por tanto, vamos a centrarnos en nuestras aspiraciones y hagámonos, para empezar, una pregunta: ¿Qué tipo de persona queremos llegar a ser? La respuesta será nuestro propósito de vida que, alcanzado, constituirá nuestro mayor éxito. Sin embargo, para llegar a él hay que emprender la senda, dar pasos que, a su vez, serán objetivos más específicos, más cercanos en el tiempo, que irán constituyendo también pequeños o grandes éxitos, que nos producirán satisfacción y nos animarán a seguir el camino iniciado, aunque tengamos tropiezos, paradas e indecisiones para elegir ante la bifurcación de caminos. Para ayudarte, para que no te sientas solo, escribo este «pequeño gran libro» que tienes en tus manos. En él he intentado condensar las más eficaces y valiosas enseñanzas que supieron legarnos quienes un día tomaron la firme decisión de dejarse de lamentaciones inútiles que a nada conducen y se propusieron *elegir el éxito como única opción posible en sus vidas.*

A lo largo de estas páginas vas a comprobar que las personas de éxito no tienen necesariamente una inteligencia privilegiada y son, simplemente, gente corriente que ha sabido desarrollar las cualidades ordinarias de forma extraordinaria.

He aquí algunas de estas cualidades: la capacidad de imaginar, de soñar, de sentirse como triunfadores en activo, de representarse mentalmente el éxito como única alternativa, de recuperarse de los fracasos, de aprovechar los éxitos de los demás, de pagar cualquier precio, de mantener siempre vivo el entusiasmo y una actitud mental positiva, de postergar la gratificación cuando sea necesario, aunque sin renunciar definitivamente a ella... Pero, por encima de todas estas cualidades para el éxito, ha de predominar la integridad moral, el deseo de hacer el bien, la honradez y el respeto a las personas.

Es el momento de iniciar una reflexiva lectura de las páginas que siguen. Hazlo manteniendo bien alto el entusiasmo y la esperanza. Después lleva a la práctica las habilidades adquiridas, y el éxito será tuyo en cualquier objetivo que te propongas.

NOTA PRELIMINAR

Deseo que el libro que tienes en tus manos sea para ti un instrumento del que te sirvas para crear la obra de tu vida, que es la culminación de tu éxito.

Manéjalo como tal instrumento, hazlo tuyo, púlelo con tus anotaciones personales y realiza con cuidado y sinceridad los ejercicios que te propongo.

Acude a él como lo haces al hablar con un amigo al que escuchas y al que replicas con tus opiniones. Como elementos indispensables de este diálogo, toma cuaderno y lápiz para plasmar tus conclusiones, y así la conversación se hará más fructífera y enriquecedora para ambos, ya que estoy abierto a todas tus sugerencias.

Gracias y hasta siempre.

I. ¿COMO SON LAS PERSONAS DE EXITO?

Yo soy el dueño de mi destino, soy el capitán de mi alma.

W. E. HENLEY

EL TRIUNFO AL ALCANCE DE LA MANO

Puesto que vivimos en un mundo pragmático donde no sólo importan las ideas brillantes, sino los resultados, el hombre, que cuenta con su trabajo para transformar las cosas en sus instrumentos, para adaptarse al ambiente y sobrevivir, busca la eficacia con la acción. La determinación del fin que se pretende alcanzar y la selección de los medios para conseguirlo son los principios básicos de la decisión. Sin embargo, donde se expresa la fuerza real de la voluntad y la autenticidad de una decisión sincera es en la ejecución práctica.

No obstante, no hay que olvidar que, aunque los resultados son la consecuencia ordinaria de una voluntad decidida y motivada, no siempre dependen del individuo que se esfuerza y lucha para conseguirlos. Todos hemos de ser conscientes de que el hecho de buscar la eficacia en la acción no significa que los resultados positivos estén garantizados y deban realizarse plenamente en la misma medida de nuestros deseos. Hay que contar con fallos, dificultades y fracasos que, sin duda, llegarán. Todo triunfador, toda persona de éxito, contempla siempre la posibilidad del fracaso con la firme convicción de que todo fracaso es un peldaño decisivo para llevar al éxito y para poner en funcionamiento la actitud mental positiva.

Sólo alcanzan el éxito en cualquier objetivo que se propongan y lo conservan a lo largo de su existencia quienes comprenden pronto que toda adversidad, toda dificultad, lleva en su entraña la semilla de un beneficio equivalente o tal vez mayor. Como han demostrado McClelland y Atkinson, el motivo básico del comportamiento humano es la *necesidad de logro,* es decir, de *éxito.* Estamos hechos para el éxito. Para McClelland, el hombre siempre tiende a mejorar sus logros en un nivel de competitividad, en relación a lo ya logrado anteriormente por sí mismo o por los demás.

Este motivo básico surge en los primeros años de la niñez y depende en gran medida de la educación recibida en el hogar. Los padres que saben valorar los logros de sus hijos, por pequeños o insignificantes que parezcan, propician y alientan el éxito.

Atkinson entiende que la conducta humana está dirigida por la interacción de dos motivos: el de la esperanza del éxito y el del miedo al fracaso.

Por tanto, hay dos categorías de personas:

— Quienes se mueven para obtener el éxito.
— Quienes se mueven para evitar el fracaso.

Los rasgos predominantes de los primeros son siempre la ilusión y una actitud mental positiva que concibe el fracaso como una circunstancia más para llegar al éxito.

Los rasgos predominantes de los segundos son la ansiedad y el temor paralizante que sienten frente a un posible fracaso.

Por tanto, la conducta motivada, la del hombre de éxito, es siempre la tendencia al éxito *(Te)* menos la tendencia a evitar el fracaso *(Tf)*.

Tanto en el logro del éxito como en la evasión del fracaso concurren los siguientes factores:

Me = Motivo de éxito. Ya hemos dicho que es innato en todas las personas.

Ee = Expectativa de éxito. Esperanza del sujeto ante una situación concreta.

Ie = Incentivo de éxito. Consecuencias favorables que se derivan de la obtención del éxito.

Mf = Motivo de evitar el fracaso.

Ef = Expectativas que tiene el sujeto de evitar el fracaso.

If = Castigo. Consecuencia desagradable que supone el hecho de no haber evitado el fracaso.

Tanto la tendencia a lograr el éxito (*Te*) como la de evitar el fracaso (*Tf*) son el producto de tres factores:

$$Te = (Me \cdot Ee \cdot Ie); \quad Tf = (Mf \cdot Ef \cdot If)$$

Atkinson consideró otras variables relacionadas con las anteriores y son:

— *Rendimiento de la tarea* (beneficios inmediatos que se obtienen).

— *Persistencia en la tarea* (tesón, constancia inquebrantable para llegar al final).

— *Grado de dificultad de la tarea.*

Las *personas de éxito,* por pocos que sean los beneficios que obtengan, por escaso que sea el rendimiento, incrementan muchísimo su ilusión y sus deseos de llegar hasta el final, porque son muy tozudos, persistentes y constantes y jamás dan paso al desaliento. Además, el hecho de que la tarea entrañe dificultades importantes pero superables, les sirve de renovado estímulo y de euforizante acicate para elevar más su autoestima y su sentimiento de competencia.

Las *personas que tienden a evitar el fracaso,* si no obtienen resultados inmediatos o beneficios tangibles de cierta importancia, se dejan invadir por el desánimo fácilmente y abandonan la tarea emprendida. Su principal característica es la falta de persistencia y de constancia. A esto hay que añadir que buscan tareas demasiado fáciles para tener garantías de obtener resultados inmediatos; pero esto no les motiva, ya que las actividades que no exigen cierto esfuerzo y entrañan algo de riesgo y dificultades hacen sentirse al individuo como poco capaz. Este sentimiento lo desmotiva y provoca que descienda su autoestima y la confianza en sí mismo.

No debe pensarse que las personas de éxito, aquellas cuyo rasgo dominante es una actitud mental positiva, están dotadas de una inteligencia excepcional, han tenido una educación formal adecuada o les ha acompañado siempre la suerte. Esto no es así necesariamente. Todos conocemos a individuos inteligentes, hábiles, con buena formación y educación, que pasan la vida trabajando, pero que no levantan nunca cabeza; sin embargo, su vida es un constante lamento porque todo les sale mal y porque tienen la convicción de que el éxito es casi imposible, cuestión de suerte, como la lotería...

¿Dónde reside, pues, el secreto del éxito, que parece estar reservado únicamente a unos cuantos privilegiados? El secreto del éxito no está en ninguna fórmula mágica guardada celosamente y que conocen sólo algunos elegidos. La realidad es que éste está al alcance de cualquiera, sea cual fuere su condición social, capacitación profesional, edad, sexo o nivel intelectual. Todo se reduce a unos cuantos hábitos, a unas actitudes bien claras, definidas y sencillas; y que todos —tú, yo, nuestros amigos y conocidos— podemos aprender con rapidez.

Estos hábitos para el éxito, estas estrategias sumamente fáciles que ofrezco en este «pequeño gran libro» han sido puestos en práctica y desarrollados de forma intuitiva y natural por todos los grandes triunfadores del pasado y del presente, aquellos que parecen «tocados» mágicamente por la suerte, cuando en realidad todo se reduce a que han descubierto el inapreciable secreto de orientar toda su vida, todo su potencial físico, mental, psicológico, afectivo y social *a elegir el éxito como única opción posible.* No entra en sus cálculos el fracaso como resultado final, tan sólo como circunstancia aprovechable para evitar posibles fracasos futuros y garantizar un éxito seguro.

Perfil de las personas de éxito

A continuación expongo las características más importantes de las personas de éxito.

1. *Tienen muy claro que está en sus manos la capacidad de dirigir el curso de su vida,* de manera activa, eficaz y positiva; que el triunfo verdadero, el éxito en cualquier objetivo que uno se marque, ha de comenzar irremediablemente por el *triunfo sobre uno mismo.*
2. *Tienen la absoluta certeza de que dentro de sí mismas guardan todos los tesoros,* potencialidades y aptitudes dispuestas para ser activadas por el resorte de la acción entusiasta y esforzada; de que dentro de sí mismas se encuentra el poder para estimular la alegría de vivir, producir en su vida los cambios necesarios, mejorar sin límites, transformar sus esquemas de conducta de fracaso en hábitos para el éxito e influir de manera enriquecedora y positiva en los demás.
3. *Están convencidas de que son ellas quienes deben decidir, elegir y dirigir su propia vida.* Saben que el triunfo verdadero exige casi siempre tener que hacer durante bastante tiempo cosas que no gustan, que exigen esfuerzo, sacrificios y tesón, pero que son muy convenientes y sientan las bases de éxitos seguros que después se sucederán en cadena y sin que apenas tengamos que recurrir al esfuerzo.

4. *Una vez tomada una pensada y razonada decisión, siempre pasan a la acción,* realizan lo proyectado con verdadera pasión, disfrutando en cada momento de la realización y viviendo con todos sus sentidos, con todo su ser.

5. *Se marcan objetivos* gratificantes para el cuerpo y para el espíritu *que den un sentido a sus vidas* y que se puedan lograr con tesón y una actitud mental positiva.

6. *No pierden inútilmente su tiempo en lamentaciones* y saben que por desdichada y calamitosa que haya sido su infancia, por negativo que haya resultado su pasado, está en sus manos cambiar el curso de sus vidas, *aprender de los fracasos y aplicar nuevas estrategias* que inexorablemente les conducirán a obtener estupendos resultados, a triunfar en lo que se propongan. No culpan a los demás de sus fracasos y toda su energía mental y psíquica la emplean en aprender y ensayar nuevas técnicas de eficacia y abandonar los viejos hábitos que les instalaron en el fracaso.

7. *Saben esperar buenos resultados sin necesidad de gratificaciones inmediatas.* Saben que todo logro importante supone un gran esfuerzo mantenido durante mucho tiempo e incontables equivocaciones y fracasos. *No necesitan gratificaciones inmediatas* como los perdedores que se comportan como niños y tras los primeros fracasos, se «arrugan» y desisten de su empeño, ya que exigen resultados importantes y rápidos a cambio de poco o ningún esfuerzo.

8. *Saben que las semillas sembradas con amor, entusiasmo y tesón* sobre los surcos fértiles de cualquier objetivo o proyecto, *maduran* muy lentamente y es necesario prodigarles muchos cuidados, contar con períodos de sequía, con plagas de langosta y hasta con tormentas de granizo destructor que malogran en todo o en parte una cosecha y no queda otro remedio que seguir sembrando cada año con la misma ilusión y confianza, a la espera de que, al fin, cuanto hemos sembrado nos dé el ciento por uno.

Tabla 1. Relación de porcentaje de logros y tiempo que se tarda en realizarlos

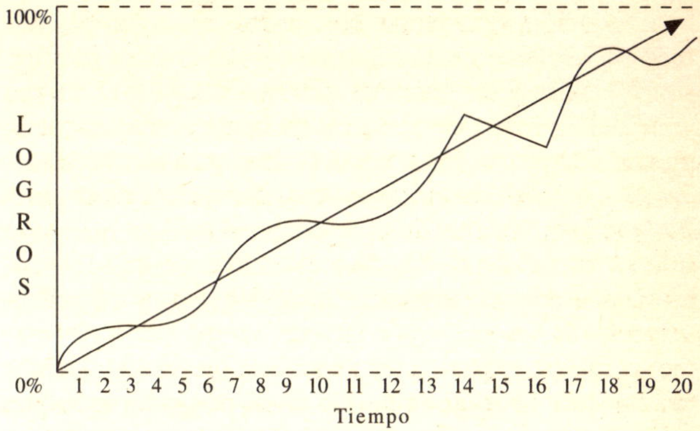

9. *Saben que han de avanzar hacia su objetivo de manera gradual,* alternando las decepciones, las frustraciones y los fracasos con los éxitos, pero sin perder nunca de vista la meta, con espíritu invencible, con tenacidad y siendo conscientes de que cualquier revés, dificultad o problema es un paso más que los aproxima con toda seguridad al logro de su objetivo.

La línea ondulada y en zigzag representa a las personas de éxito. Por el contrario, el perdedor, el fracasado, espera que el éxito sea una línea ascendente y recta, un camino llano sin dificultades ni contratiempos u obstáculos que vencer. Por eso, el perdedor se siente inútil, fracasado e incapaz ante las primeras dificultades y se rinde y abandona.

La espiral de autoculpa, negativismo y autocastigo en que se encierra todo perdedor presenta siempre el mismo esquema de ciclo destructivo: comete un error, no le salen las cosas como esperaba y acto seguido empieza a lamentarse, a llorar su desgracia, a sentirse como un ser tonto, estúpido e inútil, descalificándose a sí mismo de forma implacable...

El ciclo negativo se inicia de forma automática cada vez que comete un nuevo error y cuanto más se culpa a sí mismo, más incompetente se siente; como consecuencia, las «profecías» negativas se cumplen de manera implacable, los fracasos y los errores se suceden en cadena.

Cuando esta espiral de ciclos negativos se convierte en una constante, los niveles de ansiedad son tan grandes que el individuo incapacitado para el éxito se autoprotege con la pereza y la renuncia a realizar cualquier intento de salida airosa. Sencillamente «tira la toalla», se niega a realizar el más mínimo esfuerzo y así reduce su ansiedad.

10. Las personas de éxito que he estudiado para escribir este libro, *comenzaron desde abajo,* lograron sus objetivos poco a poco, dándose el tiempo necesario y cometiendo errores de los que supieron extraer experiencias de incalculable valor, pero además *el denominador común de todos ellos fue la tenacidad, el espíritu invencible y el no permitirse ni una concesión al desánimo y al desaliento.*

— El hombre, para adaptarse al ambiente y sobrevivir, tiene que buscar la eficacia en sus acciones.

— Eficacia es éxito, ya que éste es el remate feliz de cualquier empresa.

— Las personas de éxito no se abaten con los fracasos, sino que renuevan su entusiasmo y ensayan nuevas estrategias, por lo que salen fortalecidas de la prueba.

— Las personas de éxito se responsabilizan de su propia vida y seleccionan todo lo que atañe a su dirección. No rechazan las opiniones ajenas, pero las contrastan y sopesan antes de aceptarlas.

— El tiempo es un caudal que las personas de éxito no despilfarran en lamentos ni en culpar a los demás de sus equivocaciones.

— La persona de éxito no se desanima cuando no recibe gratificaciones inmediatas. Tiene paciencia porque sabe que toda semilla necesita tiempo para germinar y dar un sabroso fruto.

Trabajo personal

— De todas las ideas expuestas en este capítulo, ¿con cuáles me identifico más? ....

....

....

....

— ¿Cuáles me afectan más directamente? ....

....

....

....

— ¿Qué debería cambiar, mejorar o potenciar en mi vida a la vista de cuanto acabo de leer? ....

....

....

....

— ¿Cuándo empezaría este cambio o mejora? ....

....

....

....

— ¿Qué obstáculos preveo que podrían surgir? .....

....

....

....

— ¿Cómo los superaría? ....

....

....

....

— Expreso en pocas y claras palabras el objetivo que me marco y que me comprometo a lograr ....

....

....

....

— Observaciones ....

....

....

....

....

II. EMPIEZA A SOÑAR ALGO MUY CONCRETO

Nuestra capacidad de soñar nos da un atisbo de las esplendorosas realidades que nos aguardan.

O. S. MARDEN

¿QUÉ ES LO QUE MÁS DESEAS?

Empezamos por la primera gran estrategia para el éxito, algo tan sencillo como soñar y que es connatural al niño, al hombre maduro y al anciano. Pero no se trata de soñar imposibles, sino algo muy concreto que anhelas, que quieres conseguir de verdad para ti y lo deseas con todas tus fuerzas. Lógicamente, antes de «calentar motores», antes de poner a tope tu fantasía y tu imaginación, debes definir con absoluta claridad, precisión y nitidez *qué es lo que deseas conseguir,* cuál es tu propósito, tu objetivo.

Especifica por escrito en una frase ese «deseo dorado». Después, tómate el tiempo necesario para la reflexión y aclara los siguientes puntos, también por escrito:

a) Razones que me mueven a lograr este objetivo.
b) Cómo, cuándo y con qué medios pienso convertirlo en realidad.

c) Qué dificultades pueden salirme al paso.

d) Qué estrategias existen para vencer esas dificultades.

e) Cómo aprovechar la superación de dificultades para acercarme más al éxito.

¿Qué ventajas nos reporta «soñar» con un objetivo concreto?

Expondré dichas ventajas analizándolas por separado para clarificar su comprensión:

a) Definir con claridad lo que quiero me hace sentirme movido e impulsado desde dentro, desde el corazón y desde la voluntad a tomar postura y a emprender el camino del éxito, poniendo los medios desde el primer momento.

b) Al tiempo que la mente concibe y ve con claridad el objetivo, la imaginación, la fantasía, lo vive como si ya fuera una realidad tangible. Entonces se pone en funcionamiento el entusiasmo y, como si de una reacción en cadena se tratara, todas las aptitudes físicas y mentales se disponen a pasar a la acción, luchan con tesón y esfuerzo para alcanzar ese objetivo deseado con tanta intensidad. En definitiva, se suscita la disposición a pasar de la decisión a la ejecución, a la acción eficaz, al éxito.

c) Cuanto más claro vemos el objetivo y más reflexionamos sobre las ventajas que su logro nos reportará, más lo deseamos y más se incrementa el entusiasmo y el ardiente deseo de que nada ni nadie nos aparte de disfrutarlo. Por todo ello, el trabajo resulta muy estimulante y hasta reconfortante y divertido; se instala como constante en nuestro ánimo un mágico poder, mezcla de tenacidad, ilusión y coraje que nos capacita para vencer las posibles dificultades que surjan.

d) Soñar sobre un objetivo concreto nos mantiene

atentos, dispuestos y en situación de alerta para no desperdiciar ninguna oportunidad por insignificante que parezca. No olvidemos que muchas veces en lo que se presenta como oportunidad de escasa importancia puede estar nuestra gran ocasión.

Los sueños se convierten en realidad

Cuando escribo estas páginas tengo ante mí una estupenda entrevista realizada en un diario de difusión nacional al gran ciclista navarro Miguel Induráin. Por su interés transcribo para el lector algunas preguntas que le hizo el periodista sobre las claves de su éxito y las respuestas seguras y contundentes que dio Induráin.

> «—¿De verdad está tan seguro de sí mismo como aparenta?
>
> —Sí, de todo lo que he hecho hasta ahora, de lo que he *soñado*, por lo que he trabajado y de lo que hago, estoy muy seguro y satisfecho.
>
> —¿Está en esa seguridad la clave del éxito?
>
> —Está en muchas cosas, pero yo a lo que más lo achaco es a la *confianza en mí mismo*, a estar convencido de que lo puedo hacer, por lo menos tan bien como cualquier otro.
>
> —¿Está a gusto consigo mismo, cambiaría algo?
>
> —No, no quiero cambiar. *Me gusto como soy* y estoy a gusto con mi vida. ¿Para qué voy a cambiar?
>
> —Dicen sus preparadores que es un milagro de la naturaleza, y una máquina con piernas como motores y una resistencia física fuera de lo común.
>
> —Tengo unas buenas cualidades que se reflejan en esos ¿tests? que me hacen, pero sin más. *Hay gente que tiene mejores cualidades que yo,* pero lo difícil es tener *mentalidad de campeón y constancia* para entrenar, porque las cualidades hay que desarrollarlas.
>
> —¿Se siente o se ha sentido alguna vez superior a sus semejantes?

—No; y mucho menos en este deporte nuestro, en el que *en cuanto te descuidas ya no estás ahí arriba.* Yo no me siento superior a nadie, hago mi trabajo y lo intento hacer lo mejor que puedo. He llegado alto, es verdad, pero me siento igual que cualquier otra persona.»

En tan sólo unas escuetas respuestas, acabamos de ver cómo un español que ha saboreado las mieles del triunfo, nos ofrece las claves de su éxito. Ya en su primera respuesta nos habla de la seguridad en sí mismo y de cuánto ha hecho para lograr su objetivo y dice textualmente «lo que he soñado». Es curioso que todos los triunfadores utilicen la palabra *soñar,* es decir, acariciar, desear y visualizar el triunfo antes de que sea una realidad.

Otro aspecto importante es el aceptarse, el sentirse a gusto consigo mismo, tal cual es, y con su vida.

Induráin reconoce que tiene excelentes cualidades, pero dice que eso no lo es todo y concede una gran importancia a desarrollar al máximo esas cualidades, a la constancia y a «tener mentalidad de campeón» que en definitiva no es otra cosa que, como dijimos en el capítulo anterior, *moverse para obtener el éxito en lugar de para evitar el fracaso* o, en una expresión más clara, *elegir el éxito como única opción posible.*

Ya sea en el mundo del deporte, la ciencia, el arte o de los negocios, las estrategias para lograr el triunfo son las mismas y, aunque el trabajo duro y la constancia siguen siendo fundamentales para el éxito, éste no se convierte en realidad si antes no lo hemos soñado, no lo hemos vivido y saboreado en múltiples ocasiones en nuestra fantasía.

Todos podemos hacer que nuestras fantasías de ayer se conviertan hoy en realidad pero, como veremos en el capítulo siguiente, para lograr algo no basta con desearlo. El deseo debe ir acompañado del trabajo constante y del esfuerzo; debemos aprovechar las experiencias de los demás, sin perder nunca de vista las nuestras de cada día.

— Soñar sobre un objetivo concreto conmociona internamente, de forma que se adopta la actitud precisa para ir a su encuentro.

— Los sueños se convierten en realidad, porque a fuerza de representarnos mentalmente nuestro objetivo, en nuestro cerebro se va trazando el camino que nos conducirá hasta él.

— Es necesario mantener la actitud mental positiva que está formada por el deseo de conseguir nuestro propósito, la fe y la confianza en nosotros mismos y la esperanza de que lo conseguiremos.

— La confianza debe estar basada en la valoración objetiva de nuestras facultades y en nuestra constancia en entrenarlas.

— Sólo con fe, deseo y confianza nos entrenaremos animosamente y haremos realidad nuestro sueño.

— No hay que descuidar ninguna de nuestras facultades y la imaginación es una de ellas. Cultivarla puede reportarnos beneficios insospechados en el logro de nuestros objetivos.

Trabajo personal

— De todas las ideas expuestas en este capítulo, ¿con cuáles me identifico más? ....

....

....

....

— ¿Cuáles me afectan más directamente? ....

....

....

— ¿Qué debería cambiar, mejorar o potenciar en mi vida a la vista de cuanto acabo de leer? ....

....

....

....

— ¿Cuándo empezaría este cambio o mejora? ....

....

....

....

— ¿Qué obstáculos preveo que podrían surgir? .....

....

....

....

— ¿Cómo los superaría? ....

....

....

....

— Expreso en pocas y claras palabras el objetivo que me marco y que me comprometo a lograr ....

....

....

....

— Observaciones ....

....

....

....

....

III. APROVECHA LA SABIDURIA DE LOS DEMAS

El verdadero tesoro del hombre es el tesoro de sus errores, la larga experiencia descargada gota a gota en milenios.

J. ORTEGA Y GASSET

APRENDER DE LA EXPERIENCIA AJENA

En mis años juveniles leí en algún libro que sólo el necio necesita aprender de sus propias experiencias, mientras que el que tiene vocación de sabio, el verdaderamente inteligente, sabe aprovechar las experiencias y la sabiduría de los demás. Ya entonces entendí la importancia que tiene para el verdadero éxito en la vida la sencillez y el reconocimiento de las propias limitaciones. Me di cuenta de que la manera más rápida de evitarse problemas y frustraciones sin cuento es progresar, no sólo capitalizando las propias experiencias, sino, sobre todo, sabiendo aprovechar las experiencias que tantos esfuerzos y sinsabores costaron a otros. A pesar de ello, han tenido que pasar muchos años para que llegara a comprender que sólo los muy inteligentes y humildes saben progresar sin límites cuando se proponen lograr el éxito, porque desde la más tierna edad han sabido hacer suyas, aprovechar las experiencias y los logros de los demás.

Precisamente el segundo hábito para el éxito, para la eficacia, es estar siempre dispuesto *a aprender de las experiencias de los demás.* Esto supone un cierto grado de humildad y no dudar en buscar la compañía y la ayuda de los que saben más que nosotros, de los que pueden enriquecernos con su experiencia y evitarnos gastar mucho tiempo inútilmente.

Acertadamente decía Ariosto que podía considerarse feliz aquel que aprendía a ser prudente a expensas de los demás. En la misma línea de pensamiento, es posible afirmar que puede considerarse dichoso y con suerte aquel que se llena de sabiduría y experiencia para el éxito a expensas de los demás.

Sin embargo, y manteniendo cuanto he dicho hasta ahora, es decir, que debemos aprovechar al máximo las enseñanzas de los demás, la realidad es que el resto del largo camino hacia la eficacia lo debemos hacer en solitario, calzando las —a veces— incómodas sandalias de nuestras propias experiencias y de las provechosas enseñanzas que nos deparen, tanto los éxitos como el frío y sereno análisis de nuestros fracasos.

Pienso con Marcel Proust que la sabiduría, la verdadera sabiduría, no nos viene dada, sino que debemos descubrirla «para» y «por» nosotros mismos, después de un viaje que nadie puede ahorrarnos. Precisamente las estrategias o los hábitos para el éxito que ofrezco a continuación nos capacitan para ese triunfo seguro en solitario, por nosotros mismos, pero sin olvidar que debemos tener en cuenta las experiencias y los éxitos logrados antes por otros. Sólo así las propias experiencias nos darán todo su fruto.

El reto contigo mismo

Sé que el lector quedó un tanto perplejo al leer en el primer capítulo de este libro que existen dos categorías de personas, las que van directamente hacia el éxito y las que sólo pretenden evitar los fracasos. Quizá parezca muy simplista hablar de triunfadores y perdedores, pero creo que es la forma más práctica de poder identificar los rasgos distintivos de una personalidad eficaz.

Mi objetivo es que tengas claros los pasos que debes dar para adquirir las cualidades que harán de ti un verdadero triunfador.

Creo haber dicho ya que, antes de escribir esta obra, mi curiosidad científica me llevó a leer casi todos los libros sobre eficacia y éxito que hoy se ofrecen en el mercado; además, he estudiado con detenimiento y en profundidad la vida de numerosas personas de éxito de ayer y de hoy. La conclusión a la que he llegado sobre el tema es prácticamente idéntica a la de otros investigadores anteriores a mí: los hombres y las mujeres que triunfan en la vida tienen un conjunto de rasgos comunes tan parecidos que es muy fácil identificar los patrones de su conducta. Además, he de decir que las personas eficaces —los triunfadores no nacen— se hacen y todos poseemos características y cualidades tanto de triunfadores como de perdedores. La diferencia está en que el triunfador siempre se siente capaz de superarse y con voluntad indomable sigue insistiendo en desarrollar sus aptitudes, elige el éxito como única alternativa y con esta firme y esperanzada actitud logra reducir, y hasta extinguir, las características o cualidades del perdedor, sencillamente porque jamás las activa.

La cualidad más relevante del triunfador es que *se entrega siempre hasta el límite de sus posibilidades,* en frase coloquial y gráfica «suda la camiseta», haciendo buenas las palabras de ese ejemplo de tesón y entusiasmo que fue Thomas A. Edison cuando dijo que el genio es «uno por ciento inspiración y noventa y nueve por ciento transpiración».

El triunfador no pierde el tiempo mirando el reloj.

Su única preocupación es hacer a la perfección lo que está llevando a cabo y descansar sólo cuando su trabajo esté terminado.

Otra cualidad que caracteriza a los triunfadores y que debemos imitar es que jamás pierden el tiempo en compararse con los demás, en competir, *sólo compiten consigo mismos.* No tratan de «pisar» a los otros o de aprovecharse de las debilidades ajenas, sino de dar lo mejor de sí mismos y alegrarse de los triunfos ajenos como de los propios.

La competitividad del verdadero triunfador está siempre al lado de la bondad y de valores idealistas y humanos y no tiene nada que ver con la vida y «milagros» de esos especuladores, trepadores e intrigantes cuyos éxitos económicos, sociales y de otro tipo son siempre consecuencia directa del engaño, la falsedad y la deshonestidad. Me estoy refiriendo a ese tipo de «triunfadores» sin principios que llegan a la cumbre del poder, el dinero o la fama, pisando cabezas y dejando tras de sí una cadena de actos reprochables, ruines y miserables.

El verdadero triunfador es humano y generoso; es consciente de que en la «cima» del éxito hay demasiado espacio para todos y se encuentra más feliz disfrutando esa dicha con los demás. El triunfo en solitario no le estimula, ni le realiza plenamente; necesita compartir, sentir el calor humano de otros triunfadores esforzados, a los que considera verdaderos amigos.

Una tercera cualidad del verdadero triunfador es *no amilanarse ni descalificarse* tras las críticas y las observaciones despectivas y hasta destructivas de los demás. Sabe mantener la calma y responder de forma respetuosa y amable, mostrando en todo momento un perfecto dominio de la situación. ¿Cómo? Aprovechando la ocasión para resaltar con sinceridad las buenas cualidades de quienes pretenden descalificarle y hacerle sentirse mal consigo mismo y, a renglón seguido, decirles que no comparte con ellos la idea de ser una persona tan despreciable o incapaz y que sigue teniendo un alto concepto de sí mismo: «Para usted seré una persona reprochable y le dejo con su opinión a la que tiene derecho, pero yo no me veo ni considero así en absoluto.» Saluda con corrección, con la sonrisa en los labios, y prescinde por completo de esas personas, a no ser que un día vuelvan a él arrepentidos y reconociendo su error.

Otra de las cualidades de las personas de éxito es no estar demasiado pendientes de las alabanzas, reconocimientos y motivaciones de los demás. *Son ellos mismos quienes se premian y motivan,* quienes se dan aliento y ánimos en los momentos difíciles, recordando otras situaciones graves de las que supieron salir airosos. Las personas de éxito han aprendido el inapreciable secreto de ser los mejores amigos de sí mismos, los más entusiastas y animosos. Por eso, cuando llega el fracaso, en lugar de autoculparse y hundirse, se tratan con más afecto y ternura que nunca, se perdonan los fallos cometidos y se autoestimulan para encontrar nuevas alternativas.

La *humildad inteligente* es otra de las cualidades de los triunfadores que saben rodearse de personas tanto o más capaces que ellos, contar con su ayuda, aprender de sus experiencias, de sus consejos y de sus fracasos. Saben *delegar responsabilidades* y no pretender hacerlo todo y estar en todas partes. Aprender a delegar inteligentemente, por desgracia, es la decisión que más se resisten a tomar las personas que ya caminan seguros hacia el éxito; sin embargo, el triunfo definitivo, a raudales, como en cascada, sólo es posible cuando llegamos a entender que la eficacia, como dice Stephen R. Covey, «es una realidad interdependiente: es constitución del equipo, trabajo de equipo, desarrollo de la unidad y la creatividad con otros seres humanos». Se trata simplemente de llevar a la práctica los principios de cooperación creativa que nos enseña la naturaleza, esa sinergia que hace posible que todo esté relacionado con todo. Mi éxito, tu éxito, será pleno en la medida en que logremos que varios colaboradores nuestros con su actividad inteligente se sientan muy necesarios e importantes, como partes de un todo perfectamente estructurado e integrado.

— Sólo reconociendo las propias limitaciones, humildemente, estaremos dispuestos a considerar las opiniones de los demás y a aprender de sus experiencias.

— Aunque estemos dispuestos a escuchar y aprender de los demás, nuestro camino es único, sólo nosotros podemos recorrerlo y sólo nosotros podemos alcanzar nuestra meta.

— Para alcanzar la meta hay que entregarse a fondo, exprimir al máximo las energías, pero sin obsesionarse por competir. Es nuestra meta particular y nadie va a alcanzarla ni antes ni después que nosotros.

— Hay que llegar a la meta, pero sin dejar en la cuneta a ningún semejante al que hayas engañado, al que hayas pisado o del que te hayas aprovechado.

— Tampoco hay que consentir que nadie te minusvalore, te maltrate con sus críticas o con su trato descortés.

— Con cortesía, tienes que apartar de tu camino a quien puede distraerte, a quien puede frenarte, a quien te impide ser tú mismo.

Trabajo personal

— De todas las ideas expuestas en este capítulo, ¿con cuáles me identifico más? ....

....

....

....

— ¿Cuáles me afectan más directamente? ....

....

....

— ¿Qué debería cambiar, mejorar o potenciar en mi vida a la vista de cuanto acabo de leer? ....

....

....

....

— ¿Cuándo empezaría este cambio o mejora? ....

....

....

....

— ¿Qué obstáculos preveo que podrían surgir? .....

....

....

....

— ¿Cómo los superaría? ....

....

....

....

— Expreso en pocas y claras palabras el objetivo que me marco y que me comprometo a lograr ....

....

....

....

— Observaciones ....

....

....

....

IV. LA MAGICA ACTITUD MENTAL POSITIVA

Nuestra mente, en sí misma, puede hacer un cielo de los infiernos y un infierno de los cielos.

J. MILTON

DUEÑOS DE NUESTRO DESTINO

El tercer hábito para el éxito, la *actitud mental positiva,* es algo que cada cual elige y decide por sí mismo. Todo ser humano contabiliza, a lo largo de su vida, fallos y fracasos irremediables; pero a todos se nos ha dado el poder de inclinar siempre la balanza a nuestro favor mediante un cambio de actitudes. Quiero decir que somos dueños de nuestro propio destino, en la medida en que lo somos también de nuestras actitudes.

William James, el gran psicólogo americano, lo ha expresado claramente con estas palabras: «La mayor revolución de nuestra generación es el descubrimiento de que los seres humanos, mediante el cambio de las actitudes internas de sus mentes, pueden cambiar los aspectos externos de sus vidas.»

Esto quiere decir que, aunque nos despojaran de todo, siempre nos quedaría intacta la *capacidad de elegir nuestra propia actitud,* nuestro camino, nuestro destino.

Puede parecer increíble, pero está al alcance de cualquiera decidirse por el éxito o por el fracaso, por la eficacia o por la ineficacia.

Se trata únicamente de desarrollar y poner en práctica, día a día, una actitud mental positiva, capaz por sí misma de hacernos pasar a la acción de forma mágica, con decisión, ilusión y coraje potenciando al máximo nuestra voluntad. La actitud mental positiva nos arrastrará hacia el éxito siempre que mantengamos presentes los principios o convicciones básicas enumeradas en el siguiente apartado.

Convicciones básicas para lograr el éxito

1. *Yo puedo, soy capaz, estoy absolutamente convencido de que puedo conseguir un objetivo.* Esta convicción nace directamente de la acumulación de pequeños éxitos logrados merced al propio tesón y a la capacidad de esfuerzo y superación. Cuando facilitamos las cosas a nuestros hijos para que se sientan capaces, los dotamos desde la infancia de una actitud mental positiva que los llevará tanto al éxito en los estudios como con los amigos, la sociedad y los negocios.

2. *Aceptación de una vida de problemas.* Debemos ser conscientes de que las dificultades y los problemas son un componente de la vida del hombre. Una buena higiene mental aconseja no perder un instante en lamentaciones inútiles que a nada conducen. La única actitud inteligente es dedicar tiempo, energías, tesón e ilusión a resolver los problemas lo antes posible y aprender de la experiencia para el futuro. El secreto está en «la lucha sin desmayos hasta el final», de la que hablaremos en la cuarta convicción, como han hecho, sin excepción, todas las personas que han logrado el éxito.

3. *Compensación positiva.* La firme convicción de que el Universo está regido, como nosotros, por la ley del equilibrio y que, al igual que a la noche sigue el día, a la vida la muerte y al frío el calor, y que nada tiene una sola cara, del mismo modo, tras cada desgracia o cada fracaso se esconde la suerte o un triunfo semejante. La convicción de que siempre hay una compensación positiva, equivalente a cualquier hecho negativo, nos abrirá la puerta de la esperanza y ayudará a descubrir algo positivo y favorable en cada situación o acontecimiento desfavorable.

4. *Fe ciega en los tres titanes del éxito: tiempo, entusiasmo y perseverancia.* La única diferencia entre una vida de éxitos y una vida de fracasos radica en la expresión «sin desmayos hasta el final». Esto significa que no importa la cantidad de tiempo, ilusión y entusiasmo que haya de ponerse en cada acción que nos conduzca al éxito y que el tesón, la persistencia y hasta la inteligente tozudez serán siempre nuestros aliados.

He repasado las biografías de más de un centenar de hombres y mujeres de éxito, de ayer y de hoy, y en todas ellas he encontrado como cualidades más relevantes el entusiasmo, el tesón y la lucha sin desmayos hasta el final. Tal es el caso de Abraham Lincoln, cuya vida durante casi treinta años fue un completo fracaso en los negocios, en la política, en todo... Al final, llegó a ser Presidente de Estados Unidos, tras haber partido de la nada, pero con el preciado tesoro interior del coraje sin límites.

Otro tanto podemos decir de los grandes investigadores y científicos, como es el caso de Thomas A. Edison, quien tuvo que realizar nada menos que diez mil experimentos antes de encontrar la lámpara incandescente que buscaba. La magia de la actitud mental positiva tiene, quizá, su máximo exponente en los últimos tiempos en Hellen Adams Keller, ciega y sordomuda. Con su incomparable entusiasmo y tesón llegó a ser doctora en Filosofía y Letras, compositora y pianista de primera calidad y ejemplo vivo de cómo todas las dificultades se pulverizan, se reducen a la nada con la magia de una actitud firme de esperanza, de una fe ciega en las propias posibilidades. Hellen Keller escribió lo siguiente:

> «La vida puede ser una emocionante aventura o nada. La seguridad no existe en la naturaleza, ni tampoco la experimentan como un todo esos niños que son los hombres. Evitar el peligro en una larga carrera no es más seguro que exponerse a él.»

Potenciar la autoestima desde la infancia

Hace un momento me refería a Thomas A. Edison de quien he hablado en infinidad de ocasiones a cientos de estudiantes fracasados para estimular en ellos una actitud mental positiva y no me resisto a recordarte brevemente, querido lector, algunos aspectos de su vida. Debo decirte antes que nada, que algunas personas de éxito, en algún momento de sus vidas, fueron tenidos por tontos, incapaces o estúpidos, y sólo cuando aprendieron a valorarse, a sentirse capaces, a pensar de sí mismos con esperanza y autoconfianza, fijándose objetivos concretos, iniciaron su camino hacia el triunfo.

El niño Thomas A. Edison empezó con mal pie en la escuela. Su profesora no tardó en ponerle la etiqueta de «zoquete», tonto, y estúpido. Le hacía sentarse al final de la clase y los demás niños no tardaron en secundar a su profesora y hacer buenos los calificativos de tonto e incapaz.

Estando así las cosas, el pequeño oyó cómo su maestra informaba al inspector sobre su falta de capacidad intelectual, diciéndole que no merecía la pena que siguiera por más tiempo en el centro. Una de las razones que argüía la profesora era que el pequeño Thomas hacía preguntas «imposibles», tontas.

Puedes imaginarte a la madre de Edison camino de la escuela. Cuando estuvo ante la maestra, su diagnóstico fue contundente y certero. Con toda la furia amorosa de madre bien conocedora de la inteligencia despierta de su hijo, gritó a la profesora: «Mi hijo tiene más talento que usted y ese inspector juntos.»

Desde ese día, la madre del pequeño Thomas no hizo otra cosa que desarrollar la autoestima y el sentimiento de competencia de su hijo. La fe firme e inquebrantable de su madre le indujo a verse de manera totalmente esperanzada y positiva. Edison dijo:

> «Mi madre ha sido para mí el paladín más entusiasta que jamás hubiera podido tener un muchacho. Ejerció sobre mí una influencia que ha perdurado a lo largo de toda mi vida. Ella fue siempre cariñosa y comprensiva conmigo y jamás me interpretó o me juzgó erróneamente.»

¿Qué hubiera sido de Edison sin el coraje y la sabiduría de su madre que supo borrar por completo de la mente de su hijo cualquier sombra de duda sobre sus aptitudes y su propia valía y despertar y estimular con decisión, entusiasmo y tesón una actitud mental positiva sobre sí mismo? Probablemente se habría convertido en un pobre hombre con grandes complejos, convencido de que era realmente un inútil, un tonto y un estúpido. La opinión negativa que se formaron sobre él su profesora y sus compañeros, la «etiqueta» que le colgaron, no habría tardado en convertirse en «profecía autocumplida» y hoy la humanidad no contaría con uno de sus más destacados sabios, de cuyos inventos estamos disfrutando.

Es incalculable el bien social y personal que puede hacer una persona acostumbrada a ver el lado bueno de las cosas y, sobre todo, de las personas. Quienes van por la vida pertrechados de una mentalidad positiva son generadores permanentes de éxito y felicidad en su entorno. Los padres entusiastas que transmiten constantemente a sus hijos este mensaje: «Hijo mío, tú vales, puedes, eres capaz, confío en ti y sé que con esfuerzo y tesón lograrás cuanto te propongas», alientan y estimulan sin cesar con sus pensamientos positivos y de esperanza, todo cuanto de valioso y noble encierra la mente, el corazón y la voluntad de sus hijos.

Otro tanto sucede con los profesores con actitud mental positiva que siempre encuentran algo valioso hasta en los alumnos más desmotivados y no se dan por vencidos hasta lograr que ese niño o adolescente tímido, desalentado y con sentimientos de incapacidad, empiece a confiar en sí mismo, a valorarse, a comprobar que con esfuerzo y tesón, los pequeños y escasos éxitos de hoy pueden llevar a toda una cadena de grandes éxitos mañana.

Cualquiera que acierte a estimular, resaltar y valorar con calor y entusiasmo las pocas o muchas buenas cualidades que descubra en sus semejantes, se estará haciendo un bien incalculable a sí mismo con tan noble e inteligente acción, y este bien será extensivo para los demás y para toda la sociedad. Además, como por «ósmosis psíquica», la actitud mental positiva se transmite, se contagia, y el bien que ejerce se propaga sin límites de persona a persona. Tengo la absoluta certeza de que cuanto antes nos pertrechemos de esta actitud mental positiva de esperanza en todos los momentos y circunstancias, antes recorreremos el camino hacia el verdadero éxito y hacia la felicidad que nos es posible disfrutar en esta vida.

En definitiva, el secreto, la clave, está en saber fomentar la adecuada actitud mental, la firmeza de carácter y las estrategias correctas. Las sencillas sugerencias que siguen contribuirán de manera decisiva a que tus hijos o tus alumnos elijan el éxito, la eficacia y la excelencia en cuanto se propongan.

1. *Encuentra siempre una buena ocasión para elogiar.* No escatimes las alabanzas tras cualquier esfuerzo o resultado satisfactorio. Fomenta la autoestima del pequeño para que se sienta bien consigo mismo.

2. *No censures, no uses palabras despectivas y descalificadoras.* No pongas jamas la «etiqueta» de tonto, inútil, torpe..., porque esas «profecías» destructivas pronto se harían realidad. Critica las conductas negativas, pero jamás al niño o adolescente. Cuando le indiques lo que no está bien, lo incorrecto, ofrécele una salida, una alternativa. Por tanto, en lugar de crítica y censura, ofrece luz, enseñanza, opciones válidas.

3. *Encuentra las cualidades y las virtudes y valores más sobresalientes del educando.* Ayuda al niño a descubrir sus talentos, lo mejor de sí mismo. Si se siente capaz y competente, su actitud mental será positiva y las dificultades y los problemas serán superados con facilidad.

4. *Potencia la relajación muscular y nerviosa, la calma y la serenidad interior, pues son determinantes.* Enseña a tu alumno o a tu hijo técnicas de relajación y dale un ejemplo constante de autodominio y equilibrio. La respiración profunda y la relajación deben ser la condición previa a toda acción eficaz.

5. *Exige atención y concentración.* Procura que el niño realice las tareas emprendidas con los «cinco sentidos», con plenitud. Si al principio sólo es capaz de mantener la atención en grado máximo de concentración durante quince o veinte minutos, no importa. Ya irá adquiriendo poco a poco una capacidad de concentración durante períodos más largos de tiempo.

6. *Enséñale a visualizar, imaginar y repasar mentalmente el proyecto que después habrá de convertir en realidad.* Insiste mucho en que ensaye y pruebe mentalmente cada uno de los «pasos» que ha de dar para lograr un objetivo y se familiarice con ellos. Que visualice por etapas, por partes, de manera gradual.

7. *Ayúdale a crear y vivir interiormente la sensación de éxito.* No dudes en recomendarle el autoelogio tras cada acción eficaz. Que se diga a sí mismo palabras de aliento, pues le ayudarán a elevar el concepto de sí y su autoestima.

8. *Que inicie la acción, pero de manera bien programada y planificada.* Es importante delimitar claramente las distintas etapas y peldaños que el pequeño deberá cubrir antes de alcanzar la meta deseada, aplicando el principio de «divide y vencerás»; sin prisas, pero también sin pausas.

9. *Confecciona con tu hijo dos listas que habrá de colocar frente a sí en la mesa de estudio.* En una lista deben figurar todos sus éxitos pasados. Esto le hará recordar que es capaz de hacer las cosas bien y le estimulará a proponerse nuevas metas con optimismo.

En otra lista deben figurar las dificultades y los problemas que tuvo que superar para lograr esos éxitos.

Finalmente, con mayúsculas y enmarcado, como en un recordatorio, debe figurar el objetivo u objetivos fundamentales que se proponga alcanzar a corto plazo.

— Siempre podemos elegir nuestra propia actitud que será la que determine nuestro movimiento hacia el éxito.

— La aceptación de la realidad tal y como se nos presenta nos enseña a descubrir lo favorable de cada situación, aunque a primera vista no lo veamos así.

— Entusiasmo, tiempo y perseverancia son los pilares en que se asienta la construcción de nuestra propia vida.

— Para conseguir el éxito es condición indispensable que desarrolles tu autoestima, que te juzgues merecedor de alcanzarlo.

— Valora a los demás, aprecia a los demás. No dejes a un lado tus afectos y emociones cuando te marques tus metas.

— Planifica bien tus acciones y mantén concentrada tu atención en ellas mientras las realizas.

Trabajo personal

— De todas las ideas expuestas en este capítulo, ¿con cuáles me identifico más? ....

....

....

....

— ¿Cuáles me afectan más directamente? ....

....

....

....

— ¿Qué debería cambiar, mejorar o potenciar en mi vida a la vista de cuanto acabo de leer? ....

....

....

....

— ¿Cuándo empezaría este cambio o mejora? ....

....

....

....

— ¿Qué obstáculos preveo que podrían surgir? .....

....

....

....

— ¿Cómo los superaría? ....

....

....

....

— Expreso en pocas y claras palabras el objetivo que me marco y que me comprometo a lograr ....

....

....

....

— Observaciones ....

....

....

....

V. AUTODISCIPLINA: PAGAR EL PRECIO DEL EXITO

El hombre animado por un resuelto propósito debe cumplirlo. Nada puede prevalecer contra una voluntad que empeña hasta la vida en su cumplimiento.

B. DISRAELI

TRABAJO Y FUERZA DE VOLUNTAD

Todos los autores de libros de autoayuda, y especialmente los que abordan de manera directa la eficacia y el éxito, resaltan que la autodisciplina es la base sobre la cual se asienta siempre una vida plagada de triunfos, mientras que la falta de disciplina en la acción, el rehuir el precio que se ha de pagar conduce, inevitablemente, al fracaso más estrepitoso.

La autodisciplina, que se percibe en el interior de uno mismo como sensación de control, de dominio de cada situación mediante el triunfo sobre nuestras pasiones, emociones y reacciones impulsivas y descontroladas, es imprescindible, como hábito previo, a quienes deseen estar en disposición de *pagar el precio del éxito,* que es la cuarta estrategia o cualidad para la eficacia. Nada se nos ofrece gratis en esta vida y, por lo tanto, los objetivos más valiosos, los logros verdaderamente importantes cuestan un precio muy alto que nadie puede dejar de pagar. El deseo firme y claro por el logro de un objetivo difícil y concreto exige que sacrifiquemos otros deseos más o menos importantes, pero contrarios a ese objetivo principal. Hemos de aprender a establecer prioridades y tener siempre bien claro que «lo primero es lo primero».

Antes de seguir adelante, deseo advertir al lector que el éxito, o resultado deseado, al que sólo se llega por el camino de la eficacia —o virtud, fuerza y poder para obrar—, es siempre un proceso de avance que comienza desde algo, se dirige hacia algo bien concreto y por fin se logra. Es un proceso dinámico de cambio, crecimiento, desarrollo, progreso y consecución de la meta propuesta. En definitiva, llegar a ser lo que me he propuesto y hacer que mi vida sea lo que yo he decidido.

Hasta aquí todo parece claro. Pero hay un punto de absoluta trascendencia al que todavía no me he referido con toda intención, precisamente para destacarlo más: el verdadero éxito, previo a todos los demás, el del triunfador auténtico, siempre tiene por compañeros de viaje la *honestidad* y la *dignidad* en el vivir.

El verdadero éxito, el que sustenta y da entidad a todos los demás de segundo rango, es el logro de unos valores humanos y morales como el respeto por uno mismo y por los demás, la sencillez, la autenticidad, la coherencia entre lo que se piensa, lo que se hace y lo que se dice, la honestidad, la bondad, la generosidad, la amistad, la alegría de vivir y la alegría por los éxitos de los otros, el tesón, la escucha atenta, la esperanza, el espíritu de lucha, el sentido del humor, la comprensión, la tolerancia, la delicadeza. Se trata, en resumen, de proponernos el éxito como un logro «desde dentro hacia afuera». Es decir, el éxito en casa y conmigo mismo y después con los demás.

Pagar el precio del éxito es establecer, definir, una

escala de valores, conscientes de que muchas veces habremos de renunciar a lo que nos gusta, pero no nos conviene, en beneficio de algo que, en principio no nos gusta demasiado, pero nos conviene, enriquece y dignifica. Ya llegará un día en que aquello que tanto trabajo nos costó y que no nos agradaba dé sus frutos.

Acabamos de ver que pagar el precio del éxito, en esencia, es estar dispuesto a cualquier esfuerzo y sacrificio y saber subordinarlo todo al objetivo primordial. Pero nos queda todavía una cualidad muy característica de quienes saben pagar el precio del éxito, y es «recorrer un kilómetro más» que los demás, según defienden todos los autores que han escrito libros sobre el éxito. Pagar el precio del éxito es, por tanto, estar dispuesto a dedicar mayor esfuerzo, tesón, ilusión, tiempo y medios que la mayoría. Antes o después, esta estrategia acaba por producir sus frutos.

La única suerte es tu propio trabajo, porque las verdaderas oportunidades llegan cada día a toda persona a través de la perseverancia y la autodisciplina, y sólo crearás tu propia suerte si tienes como aliado el trabajo duro. ¿Quieres conocer rápidamente a un perdedor? Es muy fácil, recuerda a alguien con quien hayas hablado últimamente y que no haya hecho otra cosa que quejarse por lo mal que le trata la suerte. Hablará de los éxitos ajenos con resentimiento o envidia y dirá que cuanto logran es por casualidad y porque todo les viene dado y «les sale a derechas». Seguirán lamentando su mala suerte, y si te encuentras con ellos al cabo del tiempo, pasados meses o años, comprobarás que «la mala suerte les persigue» y ellos no tienen otra ocupación que lamentarse, pero jamás analizan las causas de sus fracasos, ni ponen remedios eficaces y pasan a la acción. No conocen el trabajo duro, la autodisciplina y la perseverancia en la acción.

¿Quieres conocer con idéntica facilidad y rapidez a un triunfador? Está demasiado ocupado ensayando estrategias para el éxito, trabajando duro y solucionando cuantos problemas le salen al paso, por lo que no tiene tiempo para las lamentaciones inútiles, ni para buscar culpables sobre los que descargar su frustración. Jamás deja para otro día la ejecución de sus propósitos. Pasa a la acción «hoy» y aborda cualquier dificultad o contratiempo en cuanto surge, sin postergar nada. Cuanto hace, lo lleva a cabo como mejor sabe y puede, y si se equivoca lo sigue intentando de nuevo cuantas veces sea necesario, pero con mayor entusiasmo y tras un análisis más profundo y exhaustivo de las causas del fracaso.

Su mente es siempre positiva y está preparado para encontrar soluciones y alternativas válidas. No juzga los fallos y equivocaciones de forma negativa, sino como estrategias que le aproximan al éxito definitivo.

El triunfador pisa siempre sobre la realidad de un trabajo duro. Esa realidad es un punto de referencia que jamás pierde. Pero, al mismo tiempo, potencia al máximo su acción con el entusiasmo y con la firme convicción de que puede llegar a ser lo que su fantasía le haga soñar y sentir, y que logrará cumplir los objetivos marcados si no se aparta de la realidad del trabajo duro, la «tierra firme» que siempre ha de pisar todo aquel que elija el éxito como única opción en su vida.

Pagar el precio del éxito, en definitiva, es saber mantener como constante en la vida la disposición firme a dedicar más tiempo, ilusión y esfuerzo que la mayoría al logro de nuestro objetivo esencial y favorecer la propia suerte de la forma más segura que existe y que, como acabo de decir, no es otra que convertir el trabajo diario en nuestro incondicional aliado, pero llevado a cabo de forma inteligente. Es decir, aplicando el *Principio de Pareto (80-20)* que veremos en el siguiente capítulo.

— Al éxito sólo se llega por el camino de la eficacia.

— Para recorrer el camino hacia el éxito partimos de nuestro deseo, que tendremos que ponderar antes de decidirnos a aceptarlo como objetivo.

— Para elegir bien debemos reflexionar y establecer una valoración de nuestros deseos en función de nuestra personalidad y nuestras necesidades.

— Pagar el precio del peaje de la autopista hacia tu éxito personal es dedicar todos tus esfuerzos a conseguirlo.

— No importa la magnitud del éxito que te has propuesto; no importa si es un pequeño o gran éxito. Lo importante es *el compromiso contigo mismo. Por eso esfuérzate y no te defraudes. Trabajas por tu vida.*

Trabajo personal

— De todas las ideas expuestas en este capítulo, ¿con cuáles me identifico más? ....

....

....

....

— ¿Cuáles me afectan más directamente? ....

....

....

....

— ¿Qué debería cambiar, mejorar o potenciar en mi vida a la vista de cuanto acabo de leer? ....

....

....

— ¿Cuándo empezaría este cambio o mejora? ....

....

....

....

....

— ¿Qué obstáculos preveo que podrían surgir? .....

....

....

....

....

— ¿Cómo los superaría? ....

....

....

....

....

— Expreso en pocas y claras palabras el objetivo que me marco y que me comprometo a lograr ....

....

....

....

....

— Observaciones ....

....

....

....

....

VI. APROVECHA TU BIEN MAS VALIOSO: EL TIEMPO

El tiempo es el más precioso de los bienes; su pérdida, la mayor de las prodigalidades.

B. FRANKLIN

ALCANZAR LA META EN EL MENOR TIEMPO POSIBLE

El quinto hábito para el éxito es administrar de forma inteligente esa materia prima imprescindible que hace posibles todos los logros: el *tiempo.* Ese regalo de incalculable valor que recibimos cada mañana, cuando se presenta todo un día por delante, a nuestra completa disposición.

Cada día es sólo mío y nadie puede quitármelo. Con la particularidad de que el tiempo se nos ofrece a todos por igual, a pobres y a ricos, a listos y a tontos, a reyes y plebeyos. Además, si malgastamos el tiempo de un día, nadie nos priva del tiempo del día siguiente, que podemos aprovechar por completo si así lo deseamos.

Otro aspecto interesante del tiempo es que sólo podemos gastar las veinticuatro horas de hoy, y nadie puede derrochar el mañana porque todavía no es suyo.

Sin duda, uno de los aprendizajes más útiles para cualquier persona que pretenda triunfar en la vida es precisamente el de la correcta y eficaz utilización de esas veinticuatro horas diarias que nos regala la vida en cada despertar de nuestra existencia, ya que de ello depende nada menos que la realización personal, conseguir dar una buena orientación y sentido a nuestra vida, disfrutar con el trabajo o la actividad profesional que ejercemos, ser felices... Por eso me parece muy conveniente que reflexionemos, siquiera sea durante unos momentos, sobre las cualidades que distinguen al administrador inteligente y eficaz del tiempo.

La característica estrella, la más digna de mención de quien sabe administrar su tiempo de forma inteligente, es la capacidad para programarse de tal manera que se consiga el máximo rendimiento y eficacia con el mínimo esfuerzo y empleando el menor número posible de horas de trabajo... En definitiva, de lo que se trata es de multiplicar la eficacia. Primero, evitando, removiendo o superando los obstáculos que con mayor frecuencia nos impiden lograr un alto rendimiento; y en segundo lugar, desarrollando las habilidades básicas y herramientas fundamentales que enumero a continuación:

1. Establecer metas, objetivos y prioridades mediante una planificación detallada.
2. Alcanzar un grado máximo de motivación y de tesón para llevar a cabo sin vacilaciones la tarea emprendida.
3. Gestionar el propio trabajo y controlar frecuentemente los resultados que se van obteniendo.
4. Aprovechar en lo posible lo que puedan aportarnos personas con probada inteligencia, tesón, capacidad, experiencia y entusiasmo que hayan llevado a cabo una tarea semejante a la nuestra.
5. Poner ilusión, verdadera pasión y entrega en la tarea emprendida hasta conseguir que el trabajo, la ocupación, deje de ser obligación y se convierta en verdadero disfrute y gozo del cuerpo y del espíritu.

Si llevamos a la práctica fielmente cuanto acabo de expresar en los cinco puntos, para un correcto y más eficaz aprovechamiento del tiempo, estaremos aplicando también a la perfección el *Principio de Pareto,* mencionado anteriormente, para la eficacia. Si con el 80 por ciento de nuestro tiempo y esfuerzo obtenemos un 20 por ciento de resultados es que algo muy importante nos está fallando en la planificación, en la motivación o en la gestión y control del propio trabajo o actividad. Por el contrario, si con el 20 por ciento de nuestro tiempo y esfuerzo obtenemos un 80 por ciento de estupendos resultados es que estamos aplicando correctamente los principios para la eficacia.

Tabla 2. Principio de Pareto

80 % del tiempo y del esfuerzo	→	20 % de resultados
20 % del tiempo y del esfuerzo	→	80 % de resultados

He dicho que es muy importante marcarse una meta, un orden de prioridad. Al hacerlo, debemos contar con el carácter de los objetivos que nos hemos marcado. Por eso, antes de seguir adelante hemos de abordar

¿CÓMO SON UNOS BUENOS OBJETIVOS?

1. *Pocos,* pero importantes, valiosos y ambiciosos.
2. *Claros y concretos.* Por eso, se ha de especificar bien: qué, cuánto, cuándo, dónde, con qué medios, por qué y para qué se pretende lograr esto o aquello.

3. *Alcanzables y difíciles al mismo tiempo.* El que entrañen dificultad, incrementa la motivación.

4. *Perfectamente compatibles* y acordes con los gustos, medios, posibilidades e inquietudes.

5. *Especificados por escrito* y bien a la vista, para ser recordados. Por ejemplo, en la primera hoja de la agenda o en una cartulina sobre la mesa de trabajo.

6. *Medibles y por plazos,* para que día a día se pueda hacer un estricto seguimiento y control sobre la eficacia mayor o menor de la propia actividad, y comprobar que se van cumpliendo los plazos fijados de antemano por propia voluntad y racionalmente.

7. *Integrales, coordinados y compatibles,* es decir, que cubran todas las áreas de la vida personal, familiar, profesional y social y sean específicos para estas áreas, pero en perfecta coordinación y compatibilidad. Por ejemplo, los objetivos de la vida profesional se han de establecer teniendo en cuenta la vida familiar; que no suceda, pongamos por caso, que un ejecutivo estupendo sea paradójicamente un pésimo esposo y padre de familia, ya que sólo tiene ilusión, tiempo y dedicación para su trabajo, mientras que desatiende por completo la vida familiar.

Es el momento de marcarse ese *objetivo estrella,* tan importante para tu vida. Observa cuáles son los obstáculos que te apartan de lograrlo y establece un plan de acción, marcándote una fecha límite.

A continuación ofrezco un modelo de ficha de trabajo que puede servir de gran ayuda.

Tabla 3. Ficha «0» (Objetivos)	
Objetivo	
....	
....	
....	
Defino y delimito los *obstáculos* y *problemas* que me apartan del objetivo:	
....	
....	
....	
....	
Plan de acción para solucionar problemas	Fecha límite
Problema 1	....
Problema 2	....
Problema 3	....

Como complemento necesario para dar por terminado el importante tema del aprovechamiento eficaz del tiempo, que es sin duda uno de los hábitos más provechosos del éxito, es necesario que el lector piense muy detenidamente en cada uno de los diez puntos que vamos a exponer a continuación. Se trata de una serie de hábitos negativos que hacen imposible el éxito. Léelos y toma buena nota de los puntos concretos que más te afectan, para poder evitarlos o superarlos y llegar a convertirte en una persona eficaz en cuanto te propongas.

Decálogo de obstáculos

1. Emprender el trabajo o actividad sin haber establecido previamente un bien pensado plan concreto de acción a corto, medio y largo plazo.

2. No distinguir lo muy urgente e inaplazable de lo importante y dejar para después asuntos de absoluta prioridad, mientras se malgasta el tiempo en los de menos relevancia.

3. Repartir el tiempo disponible de forma poco racional y hasta inconsciente o, sencillamente, no haber hecho planificación alguna del tiempo.

4. Tratar de hacerlo todo a la vez, deprisa y cuanto antes, y no dedicar el tiempo necesario a cada asunto. En definitiva, no aplicar el sabio consejo: «divide y vencerás».

5. Trabajar hasta el límite de las fuerzas, fatigarse, «quemarse»... No tener sentido de la medida.

6. Incapacidad para eliminar y controlar las interrupciones e incapacidad para averiguar si se mantienen los niveles de eficacia establecidos.

7. Habituarse a los aplazamientos y a dejarlo todo para después, para otro momento.

8. Mostrarse incapaz de cambiar los hábitos negativos.

9. Seguir trabajando con métodos, formas y actitudes ineficaces, a pesar de los malos resultados obtenidos.

10. No atreverse a correr riesgos.

Cómo establecer el nivel de rendimiento

Cuando entreno a estudiantes que tienen dificultades en el estudio, fundamentalmente porque se distraen con facilidad, porque no se concentran lo suficiente y, sobre todo, porque aunque pasan dos o tres horas «estudiando» en su habitación apenas si aprenden algo de verdad, comienzo por enseñarles a descubrir cuál es su propio nivel de rendimiento por cada hora de estudio y lo hago de la siguiente manera:

Si se trata de una lección de historia, ciencias o geografía, les pido que pongan un cronómetro en marcha y traten de aprender sólo una pregunta. Hacen una primera lectura con la que ya se forman una idea general y subrayan las ideas principales. En la segunda lectura, repiten «a su modo» el contenido, explicándose a sí mismos lo leído, al tiempo que graban en cinta magnetofónica su propio relato que escuchan unas dos o tres veces con los ojos entornados. Después, comprueban que esa pregunta la saben bien y paran el cronómetro. Normalmente suelen tardar unos quince o veinte minutos. Si están cansados lo dejan y cuando lo desean pasan a la siguiente pregunta y hacen lo mismo. Al final, suman los tiempos y averiguan cuántas preguntas han logrado aprender en una hora de estudio en estas asignaturas llamadas, coloquialmente, «de memoria».

Otro tanto se puede hacer con asignaturas como las matemáticas. El estudiante pone su cronómetro a cero y comienza a resolver sólo el primer problema; cuando termina, detiene el cronómetro y toma nota del tiempo que le llevó resolverlo, empleándose a fondo, con la máxima atención. Después aborda el segundo problema y hace la misma operación. Más tarde aborda el tercer problema y así sucesivamente. Tras varios días de control del tiempo en la resolución de problemas, puede llegar a saber cuántos es capaz de resolver por término medio en una hora. Esta práctica de cronometrar la propia acción y anotar los tiempos es una de las estrategias que conozco para evitar la distracción y desarrollar la atención y la concentración.

Al igual que el estudiante, cualquiera que desee ser más eficaz y aprovechar convenientemente el tiempo debería averiguar cuál es su nivel de rendimiento por hora en la actividad o trabajo que realiza. No se trata de estar mucho tiempo, pero con escasa intensidad y atención haciendo algo, sino de que el tiempo empleado se aproveche al *máximo, empleándonos a fondo.*

Hay que emplearse a fondo tanto en el trabajo como en los momentos de ocio, descanso o diversión. Si estás en una fiesta, olvídate por completo de tus responsabilidades y dedícate única y exclusivamente a divertirte y a compartir tu felicidad y alegría con los tuyos y tus amigos, pero cuando estudies o trabajes, debes hacerlo con el mismo entusiasmo, con las mismas ganas y con el mismo tesón y dedicación. Que sea toda tu persona por entero quien trabaja, quien piensa, quien se divierte o quien descansa. Este es el secreto.

PRINCIPIOS PARA APROVECHAR EL TIEMPO AL MÁXIMO

Si ya has averiguado cuál es tu nivel de rendimiento por hora en la actividad o el trabajo que ejerces normalmente, ha llegado el momento de ofrecerte unos sencillos principios que, si los pones en práctica, no sólo te ayudarán a aprovechar al máximo tu tiempo, sino que te convertirán en una persona entrenada para el éxito.

1. *Necesitas una pequeña agenda.* Es conveniente que reflejes en una agenda cómo vas a administrar tu tiempo, planificando con antelación y cuidado tanto las actividades dominantes y más destacadas de la semana como las específicas de cada día. Esta sería una planificación a corto plazo, pero debes tener también a mano y echarles un vistazo de vez en cuando, las actividades y compromisos adquiridos a medio y largo plazo.

En tu agenda-diario debes anotar lo siguiente:

a) Actividad o compromiso fundamental del día.
b) Otras actividades.

c) Llamadas que harás.
d) Visitas que harás.
e) Visitas que recibirás.
f) Cartas que debes escribir.
g) Otros asuntos.

Jamás confíes nada a la memoria, adquiere la sabia manía de anotarlo todo. Haz de la agenda de trabajo la compañera inseparable, como el carnet de identidad.

2. *Especifica con claridad cuándo llevarás a cabo cada una de las actividades planificadas.* Aprovecha al máximo cada minuto, pero no te olvides de darte siempre unos márgenes más amplios de tiempo muerto, por si alguna de las actividades se prolonga más de lo previsto. Una vez cumplida una actividad, escribe al lado la palabra «hecho», para que veas con claridad lo que te queda por hacer.

3. *Concéntrate en una sola cosa cada vez.* Sin embargo, a veces es conveniente que planees hacer dos cosas al mismo tiempo, si no son incompatibles, por ejemplo, comer o cenar y hablar con un cliente sobre un tema de negocios en el que debéis llegar a unos acuerdos; escuchar la radio y las noticias del día mientras vas en automóvil hacia la oficina o escuchar tu música preferida al tiempo que viajas de una ciudad a otra, etcétera.

4. *Adelántate a ciertos acontecimientos, sé previsor y que los sucesos y las cosas no te cojan desprevenido.* Por eso es tan importante planificar bien todo por adelantado y evitar las prisas, los nervios y los olvidos que jamás tienen justificación en una persona responsable, entrenada para el éxito.

5. *Deja tiempo suficiente cada día para ti y para tu familia.* Necesitas descansar y relajarte. No fuerces la máquina y cuando observes que ya no te queda tiempo ni para leer un libro, ni para cortarte el pelo, ni para ir de compras un rato con tu mejor amigo, o ir al cine una

tarde con tus hijos, piensa que estás cometiendo el más grave error en que puede caer toda persona que se propone la eficacia, la excelencia en sus actos, que es ser un esclavo de la acción en lugar de dueño y señor de tus actos y de tu vida. En ningún caso las cosas urgentes, los trabajos, las responsabilidades adquiridas deben mandar sobre ti; tú eres quien debe mandar siempre sobre las cosas y las circunstancias. «Desde dentro hacia afuera», ¿recuerdas?

— Se te regala un tiempo maravilloso que has de agradecer.

— Dispones de un arsenal de herramientas para hacer una obra maravillosa de tu vida. Estas herramientas son: metas, motivación, control de los resultados, aprovechamiento de las experiencias de los demás. No hagas un mal uso de ellas o las desaproveches.

— Has de establecer muy bien la diferencia entre lo urgente y lo importante y no malgastar tu tiempo pretendiendo hacer todo a la vez.

— No debes postergar las cosas, así evitarás hacerlas con prisas y de forma descuidada.

— Revisa los métodos de trabajo para cambiarlos si resultan ineficaces.

— El uso de una agenda siempre te será útil. Tendrás planificadas tus actividades y evitarás el fantasma de la improvisación, obstáculo para la eficacia.

Trabajo personal

— De todas las ideas expuestas en este capítulo, ¿con cuáles me identifico más? ....

....

....

....

— ¿Cuáles me afectan más directamente? ....

....

....

....

— ¿Qué debería cambiar, mejorar o potenciar en mi vida a la vista de cuanto acabo de leer? ....

....

....

....

— ¿Cuándo empezaría este cambio o mejora? ....

....

....

....

— ¿Qué obstáculos preveo que podrían surgir? .....

....

....

....

— ¿Cómo los superaría? ....

....

....

....

— Expreso en pocas y claras palabras el objetivo que me marco y que me comprometo a lograr ....

....

....

....

— Observaciones ....

....

....

....

VII. ¡ACCION!

La gran finalidad de la vida no es el conocimiento, sino la acción.

T. H. HUXLEY

LO QUE CUENTA SON LOS HECHOS

Comenzamos este libro haciendo una descripción de las personas eficaces, las que se mueven para obtener el éxito en lugar de para evitar el fracaso. Dijimos que estas personas positivas que parecen tocadas mágicamente por la suerte en todo lo que emprenden, tienen en común lo que se ha denominado el *secreto de los triunfadores,* que no es otra cosa que la inapreciable habilidad de orientar todo su potencial físico, mental y psíquico siempre en la misma dirección: perseguir incansablemente el éxito, como única opción posible. Estas personas han llevado siempre a la práctica, de forma consciente o inconsciente, todos los hábitos o principios del éxito que venimos estudiando.

1. Definir claramente un *objetivo* concreto, difícil pero alcanzable, etc...
2. Aprovechar al máximo todas las *experiencias,* descubrimientos y trabajos realizados por los demás y, por supuesto, las propias experiencias vividas.

3. Mantener sin desmayo esa *mágica actitud mental positiva,* que siempre encuentra alternativas y soluciones ante las dificultades.

4. Tener autodisciplina e inmejorable disposición para *pagar* siempre *el precio del éxito,* cualquiera que sea.

5. Estar capacitado para un *empleo más eficaz del tiempo,* llevando a la práctica el *Principio de Pareto.*

Ha llegado el momento de hablar del sexto hábito para el éxito que es, sencillamente: *¡Fasar a la acción!* Antón P. Chéjov dice: «El hombre es lo que cree.» En alguna medida somos lo que son nuestros pensamientos y creencias. Pero no es menos cierto que el hombre es también lo que *hace.* Viene al pelo aquella frase del Evangelio: «Por sus obras los conoceréis.» Sí, más que cualquier otra cosa, a la hora de la verdad lo que importa es nuestra conducta, nuestras obras. ¡Los resultados!

Estamos viendo que el verdadero camino hacia el éxito se hace día a día, sin interrupción. Es un proceso permanente.

Conocer, estar bien informados, tener ideas claras, mantener una actitud mental positiva... Aunque sean logros muy importantes, no lo son todo, porque el verdadero «poder» en cualquier ser humano, lo que lo eleva un palmo por encima de los demás, se encierra en una sola palabra: *hacer.*

La acción es la que nos permite obtener los resultados deseados y progresar sin límites en el objetivo que nos hemos marcado, bien sea en lo intelectual, en lo moral, en lo psicológico, en lo afectivo, en lo social, en lo profesional, en lo económico.

Es la acción llevada a cabo tras la decisión lo que da consistencia, lo que rubrica todo plan eficaz y meritorio. Pero esa magia del éxito no se produce por casualidad. Todo es consecuencia de la bien pensada y coordinada interacción de esos *detonantes* o *espoletas* para el éxito a que nos venimos refiriendo, que accionan en nosotros mecanismos internos de «autoarranque» y garantizan que nos sintamos impulsados a pasar a la acción *ahora,* sin más dilaciones.

Los desencadenantes del éxito

1. La *estrategia.* La planificación del modo más adecuado de proceder y la organización bien razonada de todos los recursos de que disponemos puede ser, sin duda, determinante. Hay estrategias, recetas o formas de proceder que nos garantizan el éxito en diferentes metas u objetivos; por eso es tan importante diseñarlas.

2. La *fe en el éxito.* La ilusión, el entusiasmo y la pasión son los *detonantes* que siempre se dan la mano y arrastran a la acción de forma coordinada y conjunta. «Pueden porque creen que pueden», decía Virgilio. Y es que sólo creyendo firmemente en uno mismo y en las propias capacidades y valores se está en la mejor disposición de lograr algo. La fe en lo que somos y en lo que podemos llegar a ser determina con bastante exactitud lo que seremos en realidad. Nuestra fe, nuestra ilusión, deben ir propulsadas por la pasión, esa arrolladora fuerza interior que pulveriza las dificultades y desconoce la palabra *imposible.* Me estoy refiriendo a la pasión como energía canalizada y alentada por una noble e incontenible obsesión, la misma que llevó a Thomas Alva Edison, al que ya me referí con anterioridad, a fabricar diez mil bombillas defectuosas hasta que consiguió dar con la bombilla perfecta.

3. Una *escala de valores morales.* Es necesario contar con una escala de valores o juicios de carácter ético, y moral práctica, que nos sirva para juzgar lo que está bien y lo que está mal; lo que verdaderamente importa, lo que realmente merece nuestros esfuerzos, desvelos y sacrificios. Estos juicios fundamentales constituyen un poderoso acicate para la acción eficaz.

4. La *fuerza, la vitalidad, el vigor físico, intelectual y psíquico.* No hay que dormirse en los laureles, sino buscar incansablemente nuevas oportunidades que aprovechar al máximo. Esta es una de las características de las personas eficaces, quienes saben, además, hacer del buen empleo del tiempo su principal aliado.

5. Las *buenas relaciones con los demás.* Sentirse apoyado, entendido y valorado por las «personas adecuadas» que nos estimulan a ser activos y emprendedores y hacer oídos sordos a los mensajes desalentadores y pesimistas de los temerosos, los desconfiados y los abúlicos. ¿Quiénes son «personas adecuadas»? Las que mantienen una contagiosa actitud mental positiva, pues están habituadas a vencer dificultades, tienen ideas bien claras sobre sus objetivos, poseen gran vitalidad psíquica, nos arrastran a la acción con su ejemplo y nos sirven de inapreciable modelo que imitar. Ha llegado el momento de la verdad, es tu turno y tu vida. ¡Arranca ya, sin más dilaciones! Y al instante, simplemente con empezar, habrás pulverizado el 60 por ciento de las dificultades.

Despójate de los temores del pasado y de ese absurdo maleficio que dice que somos hijos de las circunstancias. Como dijo Disraeli: «Las circunstancias son hijas del hombre.» Cada cual se labra su felicidad o su desgracia. Eres tú quien eliges y sentencias tu vida con tus acciones, con tu conducta.

¡Actúa ahora! Coge una tarjeta de visita, escribe en ella esta frase de O. S. Marden y léela cada día nada más levantarte:

> Procura que todas las ocasiones sean una gran ocasión, porque no puedes decir cuándo el destino puede tomarte las medidas para un puesto más alto.

Decía el sabio Aristóteles que aquellas cosas que debemos aprender antes de hacerlas, las aprenderemos haciéndolas. Esto significa que para triunfar en cualquier actividad o empresa que uno inicie, ponerse en marcha sin dilación es de capital importancia.

Las personas con aptitudes para el éxito, probablemente no poseen ni una inteligencia excepcional, ni cualidades físicas, mentales o psíquicas especiales, pero sí tienen bien desarrollada la aptitud de pasar a la acción, de no arredrarse, de buscar ayuda, de preguntar y de informarse cuanto sea necesario, de aprender de cualquiera que pueda enseñarles. Jamás temen que alguien descubra su ignorancia ni el parecer estúpidos por hacer cuantas preguntas les venga en gana sobre los temas que les interesan.

Seguramente otra de sus aptitudes más relevantes es la de desarrollar nuevas cualidades al tiempo que se entregan con entusiasmo y tesón a terminar lo que se han comprometido a hacer.

Lo primero que aprenden es a *desconectarse* de todo lo que no esté relacionado con su actividad, es decir, que desarrollan al máximo la cualidad de concentrarse por completo en su trabajo. No se trata simplemente de hacer algo pronto y rápido, sino de hacerlo con la máxima atención.

En segundo lugar, *aprenden a dominar y controlar la propia ansiedad* y el desánimo que aparece tras las primeras dificultades, errores y fracasos, diciéndose a sí mismos repetidamente que la cosecha, la recolección del fruto, siempre tarda en llegar y el sembrador debe saber esperar pacientemente.

También *aprenden de otras personas* experimentadas, de quienes pueden servirles de modelos y prestar gran ayuda con sus consejos y su experiencia. Contrastan su trabajo con el que realizan personas muy capacitadas y aprenden de las críticas constructivas que estas personas les hacen, considerándolas de gran interés para ir mejorando en una acción siempre más eficaz.

Como es lógico, están siempre abiertos a aceptar nuevas ideas, nuevos sistemas, y a efectuar cuantos cambios sean necesarios.

En definitiva, las personas con vocación y aptitudes para el éxito aprenden sobre la marcha... *Haciendo,* porque tienen muy claro que no es posible aprender sin hacer y que con sólo desear algo no basta, como tampoco es suficiente saber si no va acompañado del experimentar. Como bien dijo Goethe: «Saber no es suficiente, debemos aplicarnos. Desear no es suficiente, debemos hacer.» En definitiva, al aprendizaje y al éxito llegamos por la experimentación, la vivencia, la *acción.*

Lo que dicen los sabios y pensadores

El lector curioso puede descubrir en todos los pensadores y filósofos una especial predilección por la acción. Todos insisten en la necesidad de *actuar, ya, ahora,* porque de poco sirve saber, desear hacer y planificar si no actuamos. Veamos la contundencia de estas citas de filósofos y pensadores de primerísima fila:

> «Solemos llamar vivir a sentirnos empujados por las cosas, en lugar de conducirlas con nuestra propia mano.» (José Ortega y Gasset.)
>
> «No basta saber, sino aplicar el saber; no basta querer, es preciso actuar.» (Johann Wolfgang Goethe.)
>
> «Un pensamiento puede ser una cosa excelente, pero la realidad principal es la acción.» (Maeterlink.)
>
> «La actividad es el imán que atrae todas las cosas buenas.» (Burton.)
>
> «Una persona es tan grande como positiva es su actitud.» (Butzer.)

Podría añadir treinta citas más, resaltando la trascendental importancia de actuar sin dilaciones para quien desee tener éxito, ser feliz y lograr cualquier objetivo; pero creo que ya es suficiente.

Nuestro refranero dice: «A Dios rogando y con el mazo dando», y una conocida máxima japonesa va más allá del éxito y hace depender la felicidad y las ganas de vivir de la acción: «Sólo en medio de la actividad desearás vivir cien años.»

Termino con dos de mis autores preferidos. Uno es el doctor Gregorio Marañón, que afirmó lo siguiente: «El hombre ha de ser esclavo de la acción si quiere ser libre.» El otro autor es el gran psicólogo americano William James, quien nos sugiere que *actuemos como si* ya hubiéramos logrado el objetivo que nos hemos marcado o la cualidad y la perfección que pretendemos adquirir o desarrollar.

¿Somos perezosos? Pues actuemos hoy, comportémonos *como si ya no fuéramos perezosos,* es decir, como personas diligentes.

¿Somos desordenados? Seamos por un día ordenados, actuemos *como si ya hubiéramos adquirido esta cualidad del orden.*

¿Somos tímidos? Actuemos durante tan sólo un día *como si fuéramos personas resueltas* que ya han vencido su timidez.

Después, cuando saboreemos los resultados, nos diremos a nosotros mismos: «Si he logrado durante un día comportarme *como si* fuera alegre, pongamos por caso, y lo he conseguido, ¿por qué no intentarlo otro día más, o una semana?»

¿Sabe el lector por qué da buenos resultados para lograr un objetivo actuar *como si* ya lo hubiéramos logrado? Porque nuestra voluntad no actúa de forma directa sobre los sentimientos, pero sí puede hacerlo perfectamente sobre la *acción* cuando obramos *como si,* llega a producirse en nosotros una transformación y se crea el sentimiento pertinente. Después del sentimiento pasamos al pensamiento del mismo signo.

Voy a ser más claro. La forma más normal de obrar es: pensar, sentir y actuar. Pensamientos positivos nos llevan a sentimientos positivos y a actuaciones positivas. Pero hay otra forma, que es la que propugna W. James cuando no tenemos ni pensamientos ni sentimientos positivos y es que la voluntad ordene actuar *como si.* La repetición de acciones *como si,* nos llega a producir pronto sentimientos equivalentes y pensamientos del mismo signo. Entonces se pasa a la primera forma, la de pensar, sentir y actuar.

— El secreto de los triunfadores está en actuar, sin perder de vista el objetivo programado.

— Tener un juicio claro de lo que está bien y lo que está mal es una ayuda eficaz para programar bien nuestro objetivo.

— Los detonantes de la acción encaminada al éxito son: la fe, la ilusión y la fuerza de la emoción.

— No hay que abandonarse, sino entrenarse, cultivar las propias facultades, mantener la mente despierta para poder ver las oportunidades y aprovecharlas.

— Aunque el objetivo es tuyo y es tuya la tarea hay personas que pueden y desean ayudarte. Cultiva la relación con ellas y agradéceles su apoyo y estímulo.

— Hay que ejercitarse haciendo aquello que quieres aprender a hacer *como si* ya supieras hacerlo.

Trabajo personal

— De todas las ideas expuestas en este capítulo, ¿con cuáles me identifico más? ....

....

....

....

— ¿Cuáles me afectan más directamente? ....

....

....

....

....

— ¿Qué debería cambiar, mejorar o potenciar en mi vida a la vista de cuanto acabo de leer? ....

....

....

....

— ¿Cuándo empezaría este cambio o mejora? ....

....

....

....

— ¿Qué obstáculos preveo que podrían surgir? .....

....

....

....

— ¿Cómo los superaría? ....

....

....

....

— Expreso en pocas y claras palabras el objetivo que me marco y que me comprometo a lograr ....

....

....

....

— Observaciones ....

....

....

....

VIII. ACORTAR DISTANCIAS ENTRE LA REALIDAD Y EL IDEAL

Si se practican sencillos hábitos de éxito, día a día, lo más seguro es que se acabe triunfando.

J. RINGER

EL CAMINO MÁS CORTO

¿Te encuentras ya en plena acción? ¿Hace ya algún tiempo que estás poniendo en práctica todas las estrategias y los hábitos para el éxito? Pues ha llegado el momento de comprobar dónde te encuentras, cuál es la realidad actual y a qué distancia te encuentras del ideal, del objetivo deseado. La ficha que te ofrezco a continuación te servirá de gran ayuda; no sólo para ver gráficamente la distancia que te separa de tu objetivo, sino también para aprovechar mejor el tiempo y el esfuerzo y generar mayor entusiasmo y energía interior para lograr los «buenos objetivos» que te has marcado.

Entre la realidad, más o menos negativa, y el ideal hay una distancia que se ha de salvar; el plan de acción debe incluir, por un lado, todo aquello que debo cambiar para que esa distancia sea cada vez menor. Por otro lado, se han de especificar las acciones concretas que me van a llevar desde unos niveles deficientes y negativos de la realidad en que me encuentro hasta los más altos y positivos de que yo sea capaz (el ideal a que aspiro).

Tabla 4. Ficha 1. Autoayuda

		Salud	Vida familiar	Capacitación profesional	Exito profesional	Afectos	Espíritu
IDEAL	+ 4						
	+ 3						
	+ 2						
	+ 1						
	0						
REALIDAD	– 1						
	– 2						
	– 3						
	– 4						

Ya sabes cómo pasar a la acción, establecer prioridades y cumplirlas y evitar dilaciones. Recuerda que debes encontrar tu propio ritmo de eficacia y que sólo si te encuentras a gusto contigo mismo estarás en la mejor disposición para el éxito.

Aunque más adelante hablaremos de la autoevaluación o el control de resultados como un hábito más para la eficacia, te adelanto que debes estar siempre bien atento para ejercer un verdadero control sobre tu propia gestión y sobre las interrupciones necesarias.

Sé un fiel observador de ti mismo. Para lograrlo te sugiero que anotes, a lo largo de tres o cuatro semanas, cuáles son tus horas de mayor rendimiento, cuándo alcanzan los niveles de eficacia sus cotas más altas. A partir de ese momento, realiza los trabajos que te exijan mayores esfuerzos y más dificultad durante las horas de máxima efectividad y rendimiento.

Otro consejo importante que deseo darte es que no te canses de seguir desarrollando la *predisposición a la acción,* a no pensarlo demasiado una vez tomada una decisión firme. No te habitúes a estudiar y sopesar en exceso cada nueva situación, pues el temor haría de las suyas y te dejaría como paralizado.

Una buena medida es ser rápido en la ejecución de las decisiones que son reversibles y remediables casi por completo; pero hay que ser mucho más cauto en las decisiones irreversibles, aquellas que no tendrían en la práctica remedio alguno.

Es el momento de ofrecer unas cuantas sugerencias en forma de decálogo para evitar dilaciones y pasar a la acción.

Decálogo de la actividad

1. Empieza poco a poco, después de haber dividido la tarea en partes.
2. No olvides abordar los problemas más difíciles en esas horas en las que rindes al máximo de tus posibilidades.
3. Ten permanentemente a mano, y mejor ante tus

ojos, tu plan diario con la relación de las tareas más apremiantes que necesariamente debes hacer hoy.

4. Establece tu propio sistema de recompensa/castigo, felicitación/reprobación, de manera que cada vez que cumplas una actividad fijada en el plan diario, te autofelicites o premies de algún modo.

5. Escríbete a ti mismo notas recordatorias que colocarás en el lugar más conveniente: donde necesariamente has de estar. Será imposible no leer tu propia nota de aviso.

6. Programa el tiempo dedicado a cada trabajo o actividad como si fueran compartimentos.

7. Si el entorno o las circunstancias no son favorables, no dudes lo más mínimo en efectuar los cambios necesarios.

8. Aplica a rajatabla el axioma latino *age quod agis* (haz lo que haces), que quiere decir: «Centra todo tu esfuerzo, tesón, entusiasmo e ilusión, únicamente en la actividad que realizas.» No disperses tu atención en otras cosas.

9. Trata de llevar a cabo tu plan, tu actividad, lo mejor que puedas, pero no te dejes atenazar y paralizar por el perfeccionismo y el análisis interminable y agotador.

10. Busca ayuda y aprende a delegar en personas responsables, eficaces y de confianza.

No le des más vueltas ni leas más libros sobre éxito; el secreto para progresar en cualquier cosa está en la acción, en ponerse en marcha inmediatamente, en empezar ¡ya!

¿Qué deseas cambiar? Especifícalo con toda claridad por escrito.

¿Deseas adelgazar seis kilos? ¿Deseas dejar de fumar? ¿Deseas aprender a hablar en público? ¿Deseas fortificar tu voluntad?

La ficha «1», recogida en la tabla 4, tiene distintos

apartados: salud, vida familiar, capacitación profesional, etc. Puedes añadir tú más apartados, proponerte un solo objetivo por temporada y abordarlo por partes, poco a poco.

Supongamos que el objetivo es adelgazar seis kilos. Esto significa que en el apartado de la salud y la estética, la realidad en que te encuentras actualmente te separa por tan sólo seis kilos del ideal de peso.

La acción, que es algo *genérico,* hemos de aplicarla a algo *muy concreto,* a pequeñas metas que se han de lograr sin dilaciones de ningún tipo.

Proponerse una meta genérica como «adelgazar» es algo demasiado vago, general e inabordable. No es posible comerse la mazorca de maíz de un bocado; vayamos grano a grano y todo será más fácil, entretenido y divertido.

Por eso, en el caso que nos ocupa, que es «adelgazar», nos vamos a proponer objetivos para *un solo día* y, si nos sale bien, probaremos *dos* días y, si nos sentimos animados y con ganas, nos propondremos metas de *una semana* y así hasta que el nuevo buen hábito se haya afianzado por completo.

Pero no olvidemos que tenemos pendiente el logro de «pequeños objetivos» que nos ayuden a adelgazar «por un día». Veamos algunos de estos objetivos:

1. Quedarse con un poco de hambre en cada comida y no ingerir alimentos con alto contenido en grasa.
2. Eliminar el pan, los dulces, las tartas y los helados, o reducirlos a lo mínimo.
3. No picar entre comidas, salvo beber agua y toma alguna fruta.
4. Tomar bastante fibra y beber mucha agua, a ser posible más de dos litros diarios (contar los vasos).
5. Aumentar la actividad física (subir y bajar escaleras, ir en metro y en autobús, andar unos veinte minutos diarios).

Un programa así de concreto se puede afrontar día a día, durante una semana, y comprobar con alegría que hemos perdido de medio kilo a un kilo de peso.

Olvídate de las dietas milagrosas que te hacen perder tres kilos por semana y de las que te matan de hambre. Para perder peso, como para cualquier otro objetivo, la regla mágica es proceder *de forma lenta pero segura,* es decir, poco a poco, si nuestro propósito es llegar lejos.

Empieza de forma sencilla y modesta, haciendo realidad los cinco puntos concretos para adelgazar, y felicítate al final de cada día, de lunes a domingo, durante una semana. Al cabo de cuatro o cinco semanas ya habrás adelgazado dos kilos como mínimo, sin renunciar a los alimentos que te gustan, ni hacer ejercicio hasta agotarte.

Cuando hayas adelgazado dos o tres kilos, te sentirás con más confianza en ti mismo, más enérgico y alegre, y habrás reducido considerablemente el riesgo de padecer algunas enfermedades.

Si has eliminado los kilos que te sobran, te encontrarás muy bien física y psíquicamente, pero queda una segunda parte imprescindible para el éxito, no menos difícil que la primera, y es conservar ese nuevo peso ideal para siempre. Durante los primeros seis u ocho meses, tiene lugar un proceso de adaptación del organismo para habituarse al cambio de alimentación, ejercicio y cumplimiento de los cinco puntos señalados que tienen que formar parte de la nueva forma de vida.

Pero nos queda una tercera observación. Somos humanos y, por tanto, a veces nos salimos de «las buenas costumbres», también de las alimenticias. No seas de esos que siguen la regla del «todo o nada» y si un día comen hasta hartarse o quebrantan alguna otra regla, hacen un drama y piensan que todo está perdido. Si un día te has «pasado», procura compensarlo al siguiente cumpliendo más estrictamente los cinco puntos y no te preocupes de más.

He puesto el ejemplo de cómo adelgazar, porque es algo que en la actualidad preocupa y obsesiona a mucha gente, pero pasos similares se han de dar para el logro de cualquier otro objetivo.

La forma más inteligente, práctica y científica es *acortar distancias* desde la realidad en que nos encontramos hasta el ideal que nos marcamos como objetivo y siempre la *regla de oro* es la misma: *Fijarse metas (objetivos) pequeñas y concretas, asequibles, fáciles de lograr sin demasiado esfuerzo, realistas, observables y tangibles.* Al decir *observables* y *tangibles,* me estoy refiriendo a las metas de la evaluación, al control de los resultados, del que nos ocuparemos en el próximo capítulo. Ver, día a día, cómo se progresa y se va llegando al objetivo es la motivación más fuerte.

— Has de conocer tu realidad presente, soñar con tu realidad futura y actuar para que la distancia entre una y otra sea cada vez menor.

— Observarte, comprenderte, sentirte *a gusto contigo mismo* es una inmejorable predisposición al éxito.

— Has de encontrar tu propio ritmo de trabajo para ser eficaz en el mismo.

— Has de aplicar tus acciones a metas muy concretas con el fin de no sentirte abrumado por todo lo que tienes que hacer para acortar distancias entre realidad e ideal.

— Afrontar cada día la tarea que te has propuesto es una condición indispensable para conseguir tus objetivos más ambiciosos.

— Mantener el entusiasmo y felicitarte cada día por tu persistencia te dará nuevos ánimos.

Trabajo personal

— De todas las ideas expuestas en este capítulo, ¿con cuáles me identifico más? ....

....

....

....

— ¿Cuáles me afectan más directamente? ....

....

....

....

— ¿Qué debería cambiar, mejorar o potenciar en mi vida a la vista de cuanto acabo de leer? ....

....

....

....

— ¿Cuándo empezaría este cambio o mejora? ....

....

....

....

— ¿Qué obstáculos preveo que podrían surgir? .....

....

....

....

— ¿Cómo los superaría? ....

....

....

....

— Expreso en pocas y claras palabras el objetivo que me marco y que me comprometo a lograr ....

....

....

....

— Observaciones ....

....

....

....

IX. CONTROL DE RESULTADOS: AUTOEVALUACION

Ten siempre en cuenta lo que haces y los resultados que obtienes.

J. ROGER

NUESTROS MEJORES JUECES SOMOS NOSOTROS MISMOS

Otro hábito para la eficacia, el octavo, es la *autoevaluación periódica* sobre los resultados obtenidos: el control que debemos ejercer sobre los tiempos marcados y sobre el logro real de las prioridades establecidas de antemano. Nadie logra unos niveles máximos de eficacia sin la adecuada evaluación o seguimiento que le permita comprobar, día a día, cómo se acerca al objetivo deseado y a qué ritmo.

Supongamos que eres un vendedor de un determinado producto del que tienes la exclusiva y estás entusiasmado con la calidad y las ventajas que obtendrá toda persona que lo adquiera. Tú tienes ilusión, motivación, deseos de triunfar, deseos de hacer partícipes a tus posibles clientes de todas las ventajas del producto que ofreces...

Hasta ahí todo va bien, pero no basta. Tienes que sentarte ante tu mesa cada noche y hacer un pequeño balance del día, en el que quede reflejado, en primer lugar, los clientes reales, los adquirentes, y en segundo lugar, los clientes indecisos, las dudas que tienen y las estrategias que piensas emplear para convencerlos. No es necesario que contabilices los que rechazaron totalmente tu oferta y hasta te pusieron mala cara. Eso es algo con lo que hay que contar, pero tú debes sentirte satisfecho por lo logrado y comprobar que estás consiguiendo, al menos, los mínimos establecidos por ti mismo. Esto te ayuda a saber dónde te encuentras, en qué punto del camino estás hacia el éxito. Esta reflexión diaria, esta *autoevaluación* es de capital importancia. No la descuides jamás.

Quiero darte un consejo más sobre el control de tu propia acción y eficacia: no debes limitar tu análisis diario exclusivamente a comprobar si estás logrando los objetivos marcados y a qué ritmo. Es necesario que extiendas esta acción controladora también a otros aspectos que propician la eficacia y el éxito, como evitar las interrupciones innecesarias, saber decir «no» sin herir y sin que el otro se sienta rechazado, saber servirte de las buenas cualidades de otros para mejorar tus propios resultados y delegar en ellos responsabilidades, alentándolos a que ejerzan el control necesario sobre su propia actividad.

Como hago siempre, en forma de decálogo, te ofrezco las sugerencias que debes llevar a la práctica si deseas evitar interrupciones y visitas inoportunas que te hagan perder tiempo y eficacia.

DECÁLOGO PARA LA EFICIENCIA EN EL TRABAJO ANTE LAS INTERRUPCIONES

1. No te queda otra opción que la de empezar a filtrar las visitas y establecer cuántas y cuándo (de qué hora a qué hora).
2. Nada más iniciar la conversación, con amabilidad y la sonrisa en los labios, dile claramente a tu interlocutor: «Vamos a aprovechar lo mejor posible los esca-

sos minutos de que disponemos.» *Comienza sin más preámbulos.*

3. Cuando falten tres o cuatro minutos para terminar, no dudes en tomar la iniciativa y di: «Como ya estamos acabando, vayamos a las conclusiones» y, con actitud amable, da el tema por terminado, mientras te pones de pie de manera lenta, pero decidida, dando a entender que la entrevista ha concluido. Alarga tu mano y ofrécela para despedirte.

4. Para entrevistas muy rápidas es mejor no tomar asiento y tratar el asunto de pie y en forma muy breve.

5. Si te es posible, mantén tus encuentros fuera del despacho de trabajo, en una sala al efecto, dejando claro que en ese lugar sólo se está el tiempo imprescindible.

6. Debes emplear algunos indicadores o señas bien precisas que informen de una manera clara y contundente a los demás cuándo no deben interrumpirte, salvo excepciones muy contadas que todos deben conocer.

7. Fija un horario específico de puertas abiertas, para especificar cuándo estás disponible para todos y para todo.

8. Es normal y tiene perfecta explicación que amigos, familiares, miembros de tu equipo y otras personas próximas a tu entorno entren y salgan con cierta frecuencia de tu despacho; pídeles con amabilidad que traten de acumular varios temas cada vez y realicen las interrupciones, por ejemplo, cada hora, pero no a cada momento.

9. Si ves que llega alguien dispuesto a interrumpir y no es el momento oportuno, mantén firme y amablemente tu actitud habitual de trabajo indicando a la persona en cuestión cuándo podrás atenderlo, ya que en ese momento te es imposible.

10. Saber decir «no» con tacto y firmeza y sin que la otra persona se sienta rechazada es una de las habilidades más difíciles, pero imprescindible para toda perso-

na eficaz. Siempre que te veas obligado à decir «no», muéstrate antes simpático y comprensivo, ponte en lugar del otro y dile que entiendes su postura. Hazlo con palabras claras, con brevedad, con gesto afable y firme al mismo tiempo, con cierta rapidez y con sinceridad, planteándole al tiempo una salida o alternativa razonable y ofreciéndole tu ayuda y colaboración.

Cómo efectuar la autoevaluación

Decía al principio del capítulo que la autoevaluación periódica es uno de los hábitos que hay que adquirir para lograr la eficacia en lo que nos proponemos.

¿Qué pensaríamos de la junta directiva de una empresa que promueve grandes inversiones, se fija unos objetivos muy ambiciosos y elabora unas estrategias muy sofisticadas para conseguirlos, si luego no controlara la marcha del trabajo para contrastar la realidad con las metas fijadas? Algo así nos resultaría incomprensible, y no nos extrañaría si un día esta empresa se encontrara en situación apurada, ya que no todo consiste en idear, sino en *actuar,* pero *de forma sistemática y controlada,* haciendo que todos los recursos y las energías estén dirigidos y encaminados a la consecución del proyecto fijado previamente.

De igual manera sucede en nuestra vida. Es útil conocer, comprender, porque, si no es así, no nos será posible establecer nuestras metas y trazar nuestros planes; es imprescindible actuar para aprender a conocernos y ayudarnos, pero la sola acción no es suficiente, ya que si no es controlada y revisada puede resultar anárquica y desvirtuada, sin efectos positivos para nosotros.

Como ya tenemos claro el concepto vamos a definir la *evaluación* como «el examen que hacemos de nosotros mismos, de una manera objetiva, para detectar los progresos y las deficiencias en el desarrollo de nuestra *efectividad personal,* con el fin de, sirviéndonos de lo detectado, reforzar unas conductas y modificar o suprimir otras».

Para que esta autoevaluación sea efectuada correctamente, la dividiremos en las siguientes fases:

1. Es necesario *comprender y valorar el pasado* para poder establecer el plan de trabajo que nos lleve al futuro.

2. *Establecer un diagnóstico de nuestra realidad actual.* Por medio del paso anterior hemos llegado al conocimiento de lo que necesitamos para modificar lo que impide nuestra transformación personal.

3. *Fijar nuestro objetivo,* que es el que va a constituir *nuestro éxito* al alcanzarlo. Nótese que subrayo y destaco *nuestro* porque el éxito debe ser absolutamente personal, le hemos de dar forma con los moldes que encontramos en nuestro interior, y no siguiendo las pautas que nos marcan externamente los medios publicitarios o el ambiente que hace coincidir éxito con logros materiales, exclusivamente.

4. De acuerdo al objetivo proyectado *elaborar una estrategia y fijarse un tiempo para alcanzarlo* teniendo en cuenta el punto 2, es decir, reconociendo de forma totalmente objetiva, sin supervalorar ni infravalorar, los recursos de que disponemos en el momento presente.

   En este mismo apartado se fijan unos tiempos parciales, que han de ser fijados en el calendario y han de constituir un compromiso inaplazable en los que uno mismo se va a someter a autoevaluación.

5. *Establecer unos criterios de evaluación* que han de ser personales y totalmente coherentes con el objetivo-proyecto, con el plan trazado, con las energías disponibles y con el tiempo fijado para alcanzarlo.

6. *Comenzar la evaluación propiamente dicha,* que necesita de las fases anteriores y las posteriores para ser efectiva.

Valiéndonos de los criterios establecidos en el punto anterior *examinamos nuestra conducta y, en función de lo que detectamos, establecemos el punto de nuestros progresos o nuestras deficiencias.*

7. *Reelaborar el plan,* en función de la nota que nos hemos otorgado. Los reajustes hay que hacerlos sin miedo, teniendo en cuenta que la vida fluye y las circunstancias cambian. Somos nosotros mismos los que las hacemos cambiar al producir cambios en nuestra conducta. Así, aunque nuestro objetivo permanezca, quizá sea necesario modificar la estrategia para lograrlo.

Este hábito de la autoevaluación no es un proceso difícil, pero sí requiere un esfuerzo constante, como todo lo que es valioso. Nada se conseguirá si un día hacemos un control exhaustivo y otro día de los fijados nos lo saltamos limpiamente o hacemos un ejercicio deficiente.

Conviene que tengamos ante nosotros un calendario de mano y nuestra agenda personal para marcar los días y la hora destinados a nuestro ejercicio de autoevaluación; días que han de ser establecidos con periodicidad y no muy espaciados entre sí, con el fin de no perder de vista nuestro objetivo, ni dar paso a interferencias que puedan echar abajo nuestros planes.

Aunque fijes tus fechas apropiadas para esta evaluación periódica sería útil que adquirieses la costumbre de anotar cada día las acciones que realizas para alcanzar tu objetivo. Esto, aparte de ayudarte a mantener tu mente pendiente de lo que quieres, es un poderoso auxiliar a la hora de hacer tu evaluación parcial y un valioso registro de tus acciones que, aunque te parezcan triviales, constituyen tu respuesta a la vida; por tanto, son tan importantes como tu propia vida. Cuando las analices, sacarás provecho de ellas porque te enseñarán y serás capaz de modificar todas aquellas experiencias vitales que tienes que mejorar.

— Comprobar cada día las acciones que realizas para conseguir tus propósitos te va a ayudar a persistir en ellos.

— Rodearte de una atmósfera agradable va a facilitar tu trabajo.

— Comprobar la buena utilización del tiempo es imprescindible para mejorar en tu trabajo.

— Existe una meta programada para alcanzarla en un tiempo establecido, por tanto tienes que aprovecharlo si no queres retrasarte en tus logros.

— Es necesario que establezcas criterios propios para evaluar eficazmente tus progresos.

— Debes realizar los ajustes necesarios en tus estrategias de trabajo para acercarte cada vez más a tu objetivo.

Trabajo personal

— De todas las ideas expuestas en este capítulo, ¿con cuáles me identifico más? ....

....

....

....

....

— ¿Cuáles me afectan más directamente? ....

....

....

....

....

— ¿Qué debería cambiar, mejorar o potenciar en mi vida a la vista de cuanto acabo de leer? ....

....

....

....

— ¿Cuándo empezaría este cambio o mejora? ....

....

....

....

— ¿Qué obstáculos preveo que podrían surgir? .....

....

....

....

— ¿Cómo los superaría? ....

....

....

....

— Expreso en pocas y claras palabras el objetivo que me marco y que me comprometo a lograr ....

....

....

....

— Observaciones ....

....

....

....

X. INTEGRIDAD MORAL

No hay en todo el mundo un triunfo verdadero que pueda separarse de la dignidad en el vivir.

D. Starr Jordan

Lograr el éxito sin perder de vista nuestros principios

Un sistema, para ser completo, ya se trate de una máquina, una simple herramienta, un ordenador o una persona, debe disponer de una perfecta sincronía interior, o lo que es lo mismo, todas sus piezas han de colaborar para un mismo fin.

En una palabra, todo sistema completo, y el hombre lo es, necesariamente ha de ser congruente. ¿Por qué? Pues, sencillamente, porque podemos emplear todos los hábitos, estrategias y técnicas que acabamos de exponer y hasta podemos lograr los resultados deseados, pero si esos logros no satisfacen nuestros deseos más profundos o si, para conseguir un determinado objetivo hemos violado nuestras convicciones acerca de lo bueno y de lo malo, entonces nos veremos envueltos en un grave conflicto interno y nos faltará esa necesaria coherencia interna para el éxito auténtico, completo.

No es posible cambiar a mejor, avanzar y prosperar

de verdad, si no tenemos claras las normas morales que nos aplicamos a nosotros mismos y a los demás. Es necesario saber por qué debemos hacer las cosas de un modo determinado y cuál es nuestra verdadera medida del éxito o del fracaso.

Para que cualquier estrategia o plan de acción sea verdaderamente inteligente, firme, digno de confianza y eficaz, debe ser al mismo tiempo *moral, congruente,* con un *fin bueno.* Sin un sólido fundamento moral, cualquier empresa o proyecto se vendrá abajo, se derrumbará más pronto o más tarde. Porque, aunque hubiéramos logrado nuestros objetivos en lo material, nos sentiríamos como vacíos, como desposeídos de la propia riqueza interior, sin un sistema de creencias particulares, personales, individuales, sobre lo justo y lo injusto, lo bueno y lo malo, lo que vale o no vale y en qué medida, es decir, sin unos valores morales, sin unos principios... Sí, el décimo hábito para el éxito es la *integridad moral.*

La sensación interna de coherencia, honestidad, armonía y unidad personal con uno mismo provienen de la convicción de estar realizando nuestros valores morales y humanos a través de nuestra conducta. Los valores definen aquello de lo cual sabremos apartarnos y renunciar porque nos conviene y determinan cómo reaccionamos ante las distintas experiencias vitales. En definitiva, rigen nuestro estilo de vida.

La integridad y la honradez son siempre consecuencia de la coherencia interna, de la perfecta sincronía interior entre lo que pensamos, decimos y hacemos. Pero la coherencia interna presupone un orden moral objetivo que nos ayuda a discernir el bien del mal y nos garantiza la convivencia en paz y tolerancia entre los seres humanos.

La libertad interior para elegir lo que más nos conviene, necesariamente ha de tener como base y referencia sólida una conciencia moral entroncada en principios correctos o verdades fundamentales que constituyen nuestro centro de vida, nuestro «norte» en el pensar y en el obrar.

Los principios a que hago referencia nos proporcionan la seguridad y la sabiduría necesarias para ver con claridad a dónde queremos ir, sin perdernos en acciones irrelevantes o claramente ineficaces.

El primero de los éxitos, el auténtico, el que debemos lograr en primer lugar, es el éxito sobre nosotros mismos, el que procede de la coherencia interna y de la integridad moral; en definitiva, de una vida honesta. ¿Quieres triunfar y tener éxitos reales y perdurables de por vida? Sé una persona tan honrada como inteligente, esforzada y constante en cuanto te propongas.

Así, el Exito con mayúscula es el que alcanzamos cada día, actuando de acuerdo con nuestros valores, nuestras creencias, aunque esto suponga no poder ultimar ese trato, ese negocio que vemos tan jugoso y tan fructífero para los efectos materiales, pero del que no estamos tan seguros en cuanto a la licitud de los medios e internamente rechazamos su comisión.

¿Qué hacer ante el dilema? Ante todo no dejar que surja ni siquiera la duda. Simplemente rechazar aquello que se oponga a nuestras convicciones morales, y esto no sólo para una conciencia tranquila, que ya es bastante poder mantener un sano equilibrio entre nuestras acciones y nuestros principios, sino, sobre todo, porque así podremos seguir teniendo respeto por nosotros mismos. Por si todo lo dicho no bastara para convencernos de las ventajas que la actuación honrada nos proporciona personalmente, vamos a valorar los efectos prácticos de esta conducta en relación con los demás...

QUIEN SE RESPETA A SÍ MISMO LOGRARÁ EL RESPETO DE LOS DEMÁS

En una sociedad en la que todos los intercambios, tanto comerciales como personales, se basan en la confianza, en la palabra dada, en los compromisos adquiridos, siempre se preferirá tratar con aquella persona de la cual nos podemos fiar, en todos los sentidos. La credibilidad, la confianza en dicha persona se fundamenta en una serie de principios básicos que paso a exponer a continuación:

1. *Su hondo sentido del conocimiento y aceptación de la realidad,* que afirmará y no tratará de disfrazar para hacerla parecer diferente con objeto de engañar a la parte que tiene enfrente, o a las personas que le rodean.

2. *Su sentido de la responsabilidad,* que le hará poner en juego todas sus facultades, todos los medios de que dispone, tanto mentales como materiales, para la buena marcha de la sociedad y feliz término de los contratos y compromisos adquiridos.

3. *Su sentido de la justicia,* que le hará tener presentes no sólo sus intereses, sino también los de la otra parte, con el fin de proceder a un reparto equilibrado de los beneficios en el momento prefijado.

4. *Su sentido de la generosidad,* que le hace receptivo a las necesidades de los demás y le inclina a prestar su ayuda en los momentos precisos, sin que esto suponga que se le pueda engañar y abusar de su bondad.

5. *Su sentido de la lealtad,* que le ayuda a no prestar oídos a los cantos de sirena que le ofrecen pingües beneficios por romper sus tratos o traicionar a sus socios, valiéndose de mil artimañas: espionaje, fraude, ocultamiento de datos, falsedad en la presentación de datos, etc.

6. *Su sentido de la sinceridad,* la valentía de dar la cara en el momento preciso. Si algo no marcha según sus expectativas y se ve en la necesidad de tener que plantearse la viabilidad o conveniencia de seguir sus compromisos, nunca hará doble juego, ni se pasará con armas y bagaje al lado de la competencia, sino que ex-

pondrá francamente su postura, declarará el porqué de su ruptura, si ésta se produce, y podrá seguir caminando con la cabeza erguida, respetándose y respetando porque no engaña, no defrauda ni se sirve de los demás para su propio interés y egoísmo.

Podríamos seguir desgranando cualidades que hacen al hombre honrado, consciente de la realidad en que vive, el hombre más idóneo, la persona más buscada para mantener con ella todo tipo de relaciones, tanto de negocios como de amistad y... ¿por qué no? de amor.

¿Quién entregaría su corazón, lo más preciado de sí mismo, a una persona de la que no se fiara? Porque lo que es evidente es que la persona que engaña, que se vale de subterfugios, se apodera de lo que no es suyo, que no duda en traicionar incluso a los que cree sus amigos para ir en pro de sus propios intereses materiales, que trata todo lo que se le pone por delante como objetos, verá también a las personas como cosas que le «sirven» o «no le sirven», y así las irá tomando o dejando en la cuneta según la utilidad del momento, sin tener en cuenta sus propios sentimientos y sin ningún respeto por los demás.

No es éxito total, con mayúscula, el logro que no integra todas nuestras facultades y que no colma las expectativas humanas en toda su dimensión, tanto en el nivel material y físico como en el intelectual y espiritual. No es éxito el logro que no trasciende el plano exclusivamente material.

Por muy alto que se haya llegado en la escalada a la cumbre del poder, por muy saneados y rápidos beneficios que se hayan obtenido en esa loca carrera hacia la riqueza material, siempre impelidos por la codicia no satisfecha, por muy poderosas e influyentes amistades que se traten, nunca podrá decirse de una persona que es feliz, que ha alcanzado el éxito, si no está satisfecha y en paz con su conciencia.

Si para encumbrarse a las zonas de poder, la persona no se ha puesto en contacto consigo misma, no ha reflexionado, no ha escuchado la voz de su conciencia, que siempre advierte de lo que se debe o no hacer para sentirse a gusto interiormente, si se ha valido del engaño, de las medias verdades; si se ha servido de la sencillez y la confianza de la gente para conseguir sus propósitos y luego defrauda esta confianza, si ha propiciado en torno suyo un clima de desesperanza, de miedo al futuro, no conocerá el verdadero éxito, el éxito auténtico, porque siempre existirá ese roer del disgusto consigo misma por no haber tenido en cuenta los valores más elementales que toda sociedad civilizada propugna como base de una buena convivencia, humana y solidaria.

Es muy loable y digno que todos nos marquemos metas en el aspecto material: es señal de que nos preocupamos sanamente de nosotros mismos, de que tenemos responsabilidad sobre nuestra propia vida y queremos subvenir dignamente a nuestras necesidades cotidianas de alimento, descanso, ocio y desarrollo intelectual, sin tener que depender de los demás y sin ser gravosos a nadie. El establecimiento de estas metas, la planificación y la conducta para llegar a alcanzarlas, constituyen un bien en sí mismo, pues ayudan a que nuestra personalidad se desarrolle íntegramente: ponemos en juego facultades intelectuales, emotivas y de comportamiento que nos ayudan a ir haciéndonos cada día y a sentirnos orgullosos de nuestra conducta porque sabemos aceptar el reto diario de nuestra vida y, porque al terminar el día, cuando reflexionamos y evaluamos los pasos o los saltos de la carrera, vemos que el paso, largo o corto, y el salto, de menor o mayor altura, se han dado limpiamente, sin trampas, sin intentar engañar al público, al jurado y, lo que es más importante, sin engañarnos a nosotros mismos. Por eso valoramos nuestros logros, aumentamos nuestra autoestima y nos animamos a proseguir.

Pero vamos a ver cuál es el reverso de la moneda. ¿De qué sirve acumular bienes materiales en cantidad ingente, de manera tan rápida, si estas riquezas no van a constituir un seguro permanente contra la infelicidad, sino que puede suceder todo lo contrario?

Es posible que el apetito insaciable de riqueza material cierre los ojos, los oídos y todos los sentidos que nos ha concedido gratuitamente la vida, a los placeres más sencillos, más elevados y más cercanos a nosotros mismos. Una puesta de sol se produce todos los días y es, todos los días, un espectáculo grandioso, luminoso y... diferente; una flor que se abre, un rugido del viento, una brisa suave, una palabra de aliento, una mano que acaricia tiernamente son grandes alegrías, dentro de su sencillez, que sólo pueden ser gustadas, paladeadas, por las personas que se encuentran en paz consigo mismas, con los demás y con toda la realidad que les rodea. Esta paz de espíritu, este goce, esta serenidad nunca será patrimonio de la persona poseída por el afán desmedido de riqueza material porque todo su ser estará en función del logro, mantenimiento y acrecentamiento de dinero, sin importarle los medios, sin importarle las personas a las que puede destruir en su camino, sin importarle vulnerar la confianza, el respeto, la amistad, el amor y tantos otros valores; sin importarle el grito de su propia conciencia que muestra su disgusto allá en lo más interno de su ser y que, sin reconocerlo muchas veces, le hará permanecer desasosegado, descontento y en permanente ansiedad. Porque el respeto que no se concede a sí mismo intentará obtenerlo de los demás por medio de nuevas adquisiciones... y así se seguirá reproduciendo el ciclo hasta que cualquier imprevisto actúe de revulsivo.

Llegados aquí conviene preguntarse: ¿Hasta qué punto las personas que así obran, fiadas en su impunidad por la posición que ocupan y por el tipo de relaciones que frecuentan, tienen conciencia de sí mismas, del poco favor que se hacen y del daño que hacen a la sociedad en que viven? Evidentemente, son personas que, en razón de los cargos que ostentan, se encuentran siempre en candelero y constituyen un grupo de referencia al que mucha gente tiende a imitar. Imitación que, de forma más o menos velada, va creando un clima de desorientación; se van arrinconando, gradualmente y sin notarse siquiera, valores como la honradez, la confianza, el compromiso o el respeto a la palabra dada. Esta falta de principios va creando una atmósfera de competitividad agresiva, de saltar por encima de los derechos de los demás que nos hace pensar en la «jungla de asfalto», tan contraria a la sociedad con la que todos soñamos, en la que todos tengan cabida y en la que todos, de acuerdo a sus posibilidades y voluntad de potenciarlas al máximo, encuentren sus oportunidades.

Para que este sueño de una sociedad mejor no se quede en utopía, sino que constituya un objetivo común, en el que todos podamos trabajar al mismo tiempo que laboramos en pro de nuestras metas personales, es necesario tener en cuenta lo importante que es el papel de la educación por parte de padres y maestros. Abordaremos seguidamente esta cuestión teniendo siempre presentes las palabras del humanista francés Montaigne: «No se educa ni el cuerpo ni la mente; se educa al hombre.»

El futuro está en nuestras manos

La educación es el arma más eficaz de que disponemos para luchar contra el ambiente de corrupción que tal sensación de disgusto nos produce y contra la que claman las voces de una sociedad sana, que rechaza actitudes y comportamientos de personas que deberían ser dignas en sus conductas, respetuosas con las instituciones y con el pueblo al que representan y que les ha colocado donde están para administrar, gestionar y servir a sus intereses, a los de los ciudadanos, y no para servirse y buscar sus intereses particulares.

Los padres no deben claudicar de sus deberes en lo que respecta a la educación de sus hijos. Nos causa confusión y no comprendemos la actitud de algunos padres desnaturalizados que abandonan a sus hijos y les niegan los más elementales cuidados que los animales, siguiendo sus primitivos instintos, prodigan a sus crías. Pero, con ser muy importantes, los cuidados materiales no lo son todo. Hay padres que dejan a sus hijos en total indefensión con respecto a su educación, se ocupan de lo que ven en sus hijos, no de lo que éstos son y sienten internamente; creen que la educación es una operación formalista y una adquisición de técnicas y conocimientos que les sirvan para ganarse la vida más adelante y olvidan que la educación debe ser eminentemente formadora, que es un proceso continuo y que, como tal, exige un estrecho control sobre uno mismo para prodigar constantemente modelos dignos de ser imitados.

No podemos educar a los niños en la honradez, en los valores individuales y sociales, si nosotros no nos educamos y formamos día a día, si no revisamos nuestros valores, los sopesamos, los aceptamos sin condiciones de acuerdo a nuestra individualidad y los actualizamos en nuestras vidas, viviéndolos íntegramente. La coherencia es la condición indispensable para que padres y maestros realicemos una labor educativa, eficiente y efectiva. No podemos pensar una cosa, decir otra distinta y obrar sin tener en cuenta lo que pensamos y decimos. Este desequilibrio, este rompimiento de nuestra personalidad, sería captado con mucha rapidez por nuestros niños y dejaríamos de nutrirles interiormente, los abandonaríamos a su suerte en materia educativa. No podemos juzgar el consumismo si nosotros no practicamos la moderación; no podemos criticar la violencia, si nosotros no atemperamos nuestro carácter y somos reflexivos, pacientes y dialogantes; no podemos pedir respeto si nosotros no guardamos consideración por nosotros mismos y por los demás; no podemos obligar a nuestros hijos a aprender, si nosotros no demostramos interés por las cosas y nos arrellanamos cómodamente en nuestra poltrona pensando que lo tenemos todo aprendido; no podemos obligarles a caminar y quedarnos nosotros parados, como jueces de carrera, pendientes del error que puedan cometer, sino que hemos de caminar con ellos, aprendiendo con ellos y de ellos y madurando constantemente en los distintos planos de nuestro ser. Sólo de esta manera conseguiremos que la educación que prodigamos sea efectiva y no meramente normativa; sólo así acercaremos a nuestros niños y jóvenes a la honradez, la verdad y la belleza.

— No existe éxito, sino mera apariencia del mismo si tienes contradicciones internas.

— Hay que despertar la conciencia, escudriñar en nuestro interior, lanzar una mirada alrededor para discernir lo que está bien y adoptarlo como propio, desechando todo aquello que vulnere los fundamentos morales, tanto individuales como sociales.

— Tu mayor éxito es el desarrollo total de tu persona, la conquista de tu propio respeto.

— Cada vez que te propongas un objetivo has de contrastarlo muy bien con tus convicciones morales, con el fin de no violentarlas.

— El éxito ha de colmar todas tus expectativas, tanto materiales como espirituales.

— Es meritorio estimular a niños y jóvenes a alcanzar el éxito en lo que emprenden, pero hay que inculcarles los valores del respeto, la lealtad, la sinceridad y la honradez, por medio del ejemplo.

Trabajo personal

— De todas las ideas expuestas en este capítulo, ¿con cuáles me identifico más? ....

....

....

....

— ¿Cuáles me afectan más directamente? ....

....

....

....

— ¿Qué debería cambiar, mejorar o potenciar en mi vida a la vista de cuanto acabo de leer? ....

....

....

....

— ¿Cuándo empezaría este cambio o mejora? ....

....

....

....

— ¿Qué obstáculos preveo que podrían surgir? .....

....

....

....

— ¿Cómo los superaría? ....

....

....

....

— Expreso en pocas y claras palabras el objetivo que me marco y que me comprometo a lograr ....

....

....

....

— Observaciones ....

....

....

....

XI. LA ALFORJA PARA EL CAMINO

Si dispusiera de ocho horas para cortar un árbol, emplearía seis en afilar el hacha.

A. LINCOLN

EL CAMINO SE RECORRE ANDANDO

Ya has activado tu mecanismo interno de autoarranque, has pasado a la acción y caminas a buen ritmo por el sendero del éxito. Sólo me queda llenar la alforja de tu mente y tu voluntad de un sencillo pero imprescindible aprovisionamiento para ese largo recorrido que has iniciado no hace mucho. Echa un vistazo a tu alforja y observa las vituallas que te he puesto para el camino.

1. Los *posibles fracasos.* Desde hoy debes prometerte a ti mismo olvidar ese término. No existen fracasos, sino resultados y experiencias más o menos afortunadas de las que sabrás sacar el mayor provecho posible. Todo fracaso deberás utilizarlo como una experiencia más que te acerca al éxito.
2. La capacidad de *ver en la oscuridad,* de descubrir lo positivo, el beneficio que encierra todo en esta vida, hasta los infortunios y las mismas experiencias nega-

tivas. Jamás te desprendas de la firme convicción de que siempre hay otras posibilidades, otras alternativas y salidas hasta en los peores momentos, otras formas de encarar la dificultad y la adversidad.

3. La *responsabilidad* y la *autodisciplina.* Es decir, que tú y sólo tú llevas los mandos, eres responsable absoluto y de nada servirá que culpes a otros. En la medida en que domines cada situación, tendrás asegurado el éxito. Evalúa periódicamente tu trabajo y cambia cuánto y cuándo sea necesario, con arreglo a los resultados obtenidos.

4. La capacidad de *generar entusiasmo,* ilusión y alegría de vivir, de disfrutar haciendo lo que haces. Diviértete y disfruta cada momento de tu actividad, «convierte la vocación en vacación», como diría Mark Twain.

5. El *tesón,* la *persistencia sin desmayos,* en una entrega personal y en una dedicación completa hasta el final.

6. Practicar la *cooperación creativa,* que nos enseña la misma naturaleza, donde todo es cooperación. Si plantas dos vegetales, las raíces se entremezclarán y mejorarán la calidad del suelo y las plantas crecerán mejor que si estuvieran separadas. Coopera y exige cooperación de otros, pero sé generoso y si ganas para ti, gana también para los demás. Procura el beneficio mutuo en cualquier interacción humana.

7. *Cuidarte y renovarte constantemente,* llevando una vida sana, equilibrada en lo físico, lo mental, lo emocional, lo social y lo espiritual. No olvides «afilar» bien la sierra de tu cuerpo y de tu espíritu cada día.

Pertrechado con estas vituallas, caminarás por la «autopista», amplia y libre de obstáculos, hacia el logro de la meta deseada.

Naturalmente, en algunas etapas del camino te surgirán dudas o problemas. Para ayudarte en los momentos difíciles, ten presentes los puntos que expondremos a continuación:

1. Al iniciar tu camino, piensa que no lo haces descalzo ni desprovisto de lo necesario para recorrerlo. Cuenta tus bienes, todo lo que posees para que tu caminar sea certero, seguro. Eres tú mismo el que caminas y, ¿quién eres tú? Una persona provista de un cuerpo en el que florecen los sentidos que te permiten asomarte a la realidad, y por los que esta misma realidad penetra en ti, siendo reelaborada por tu mente que es tu don más preciado, el que te dota de un incalculable poder, siempre que sepas y te propongas utilizarla, para conseguir tus objetivos.

Al hacer un recuento de tus facultades físicas y mentales, sé objetivo y concreto; no te infravalores, pero tampoco te comportes como un necio narcisista; sé honesto contigo mismo y reconoce todos tus bienes, dando gracias porque se te han concedido gratuitamente y comprometiéndote a acrecentarlos para tu propio provecho y el de los demás.

Para que esta operación de recuento sea más efectiva, toma tu cuaderno y escribe.

— ¿Qué facultades, tanto físicas como mentales estoy utilizando en este momento, mientras estoy leyendo este libro?

— ¿De qué elementos, tanto naturales como artificiales, dispongo en este momento?

Responde de forma muy concreta pero detallada, sin olvidarte de ningún punto de los que encuentres en el recorrido de tu reflexión.

Reconoce el don de vivir, de estar consciente, que es la base de todo reconocimiento posterior.

Reconoce el don de los sentidos. Enuméralos y especifica qué operación te permiten realizar en este momento, qué sensaciones te transmiten.

Yo te podría decir que dispones de unos ojos sensibles a la luz que permiten que la imagen de las letras sea percibida por tu retina y que, por un complejo proceso, prácticamente instantáneo del sistema nervioso, tú seas capaz de interpretar lo que ves. De igual manera podría hablarte de la capacidad de tus manos, de la sensibilidad de tu olfato y tu oído, de todos tus sentidos; también podría, y de hecho vengo haciéndolo reiteradamente a lo largo del libro, hablarte de tus facultades mentales...

Esto por lo que respecta a tu propia persona; pero, ¿qué es lo que posees fuera de los límites puramente físicos? Nada es ajeno a ti: el aire que te circunda penetra en ti por la respiración, se hace tuyo, se transforma en ti mismo y te permite vivir... Piensa en la luz, piensa en todo lo que eres, piensa en todo lo que te rodea... Piensa en las personas que hicieron posible que hoy estés aquí; en las personas que han colaborado a que seas lo que eres y a que estés donde estás... Piensa. Piensa y escribe. Esa es tu tarea.

— *Reconoce* todos los bienes de que dispones.
— *Agradece* tus dones.
— *Aprovecha* tus dones.
— *Planifica* para alcanzar tus objetivos con tus dones.
— *Colabora* con los demás sirviéndote de tus dones.
— *Produce* para la sociedad con tus dones.

2. Recorre todas las etapas de tu camino bien preparado y alerta a todas las oportunidades que surjan para llevar a cabo tus planes y conseguir tus objetivos. Si te has marcado con mucha claridad una meta, la has definido de forma nítida, la iluminas permanentemente

con tu fe, la alimentas con tu deseo y permaneces fiel a ella con perseverancia, tu subconsciente será para ti un poderoso aliado que aumentará tu intuición y te hará permanecer expectante a la más mínima señal que aparezca para hacerla realidad. Fomenta en ti una actitud receptiva que te haga reconocer estas oportunidades pues, a veces, llegamos a los resultados que nos hemos marcado por medios diferentes a los que, conscientemente, hemos planificado; por tanto hay que estar con los ojos bien abiertos, con los zapatos calzados y la mochila cargada, dispuestos a seguir nuestra estrella, pues ella será la que nos conduzca a nuestra meta.

3. Al inicio de tu caminar, en pos de tu propia meta, comprométete contigo mismo en ser el único responsable de tus actos. Ser fiel a este compromiso no va a ser tarea fácil, porque el camino hay que hacerlo por etapas, algunas de las cuales serán fáciles, llanas y sombreadas; otras serán algo más áridas y otras se pueden presentar verdaderamente escarpadas. Unas veces el caminar será ligero por la euforia del ánimo, otras se hará más lento y más duro y aumentarán las dificultades. ¿Cómo hacer frente al desánimo? ¿Cómo no pararse a sestear a la sombra fresca que divisamos en la orilla de un regato? Manteniendo el control sobre nosotros mismos, y esta tarea, aunque no siempre resulta fácil, es siempre posible.

Controla tu propia mente, impidiéndole divagar en imágenes vacías de contenido o en pensamientos negativos que te aparten de tu objetivo concreto. Pide el concurso de tu razón y la fuerza de tu voluntad para no dejar que emociones negativas te ofusquen y te impidan ver las señales indicativas de la dirección que has de seguir, lo que te inmovilizaría o te haría perder el rumbo.

No quiere esto decir que no te concedas tus períodos necesarios de descanso, muy al contrario, ya que son excelentes para reponer fuerzas. En esos momentos deberás revisar tu guía de viajes para comprobar si sigues la ruta adecuada.

En tu continuo caminar aspira el olor de las flores que bordean el sendero, recréate en el fluir del agua, siente en tu rostro la suave brisa, que mece las hojas de los árboles, admira el cielo, siente la calidez del sol, bendice la tierra por la que caminas. Esto hará más llevadera la disciplina que te impongas para lograr tus metas porque comprobarás que no estás solo, que hay muchos elementos coaligados contigo para conseguir tus propósitos, si tú no los pierdes de vista. Recuerda que *la manera más práctica de controlar la propia mente es mantenerla ocupada en un propósito definido.*

4. Para alcanzar tu objetivo debes estar ilusionado con él, que genere en ti el entusiasmo suficiente para moverte a la acción; por tanto, elige tus objetivos valiéndote no sólo de los fríos argumentos de la razón, sino poniendo tu corazón en ellos.

Cuando después del período reflexivo en que has valorado los pros y los contras, las dificultades que puedes encontrar y las facultades con que cuentas para hacer realidad tu objetivo, llegas al momento de la decisión, procede acto seguido a representártelo mentalmente; revístelo de luz, rodéalo de un halo de consecuencias agradables y alégrate verdaderamente por estos beneficios que vislumbras en tu mente, con la convicción profunda de que los vas a disfrutar en la realidad.

Siente tu objetivo, *imagina* tu objetivo. Sólo empleando el lenguaje de la emoción y de la imaginación lograrás implicar al subconsciente en tus propósitos, y esto es absolutamente necesario, ya que, si no cuentas con su concurso, te opondrá resistencias que dificultarán tu camino y entonces, al no existir en ti el calor que mantenga el impulso constante del motor, te pararás y abandonarás la empresa. No permitas que esto suceda: genera en ti nuevo entusiasmo cada día, renuévalo cada momento que lo necesites. Imagina, «ve» mentalmente los resultados, y sigue caminando, que encontrarás lo que buscas.

5. Piensa que sostenerte en el esfuerzo no va a ser siempre fácil. Pueden surgir obstáculos, pequeños o grandes, provenientes de ti mismo o del exterior, que pueden hacerte flaquear, dudar de ti mismo o de tu objetivo. Puede que estés atravesando por una fase de abandono y te sientas frustrado y te recrimines por tu poca fuerza de voluntad. Modifica esta actitud de aceptación del fracaso y recuerda que es más fácil ser perseverantes, no sentarse en la mitad del camino a lamentarnos de nuestro cansancio y avergonzarnos de nuestro fracaso, cuando el deseo de conseguir la meta es tan ardiente que es capaz de renovar nuestras fuerzas, de infundirnos energía nueva que mantenga encendidos nuestros motores. Pero, ¿cómo conseguir este nuevo aporte de combustible? Tomando esta fase de decaimiento como un alto en el camino, aprovechándola para reflexionar honestamente sin llamarse a engaño. Por tanto, lo primero que tienes que reconocer es que el abandono, la desviación o, como quieras llamarlo, se ha producido. Esta es la condición indispensable para que puedas indagar los motivos del hecho (aunque reitero que no es para que te hundas en la miseria y pienses que no eres capaz de hacer honor a tus compromisos). Para encontrar hay que buscar y se busca preguntando.

De modo que no te desanimes, coge tu cuaderno y escribe una respuesta a las siguientes preguntas:

— ¿Me he propuesto un objetivo demasiado alto?

— Entre los que conocen mi propósito, ¿hay personas que me ridiculizan por mis pretensiones?

— Por el contrario, ¿hay personas que ven mis propósitos como una meta digna de esforzarse por conseguirla?

— ¿Cómo escucho e interpreto las críticas, de forma objetiva o emocionalmente obcecado?

— ¿Siento que los que alaban mi determinación lo hacen de corazón y sinceramente?

— ¿Qué contratiempos han surgido que me han hecho dudar del resultado?

Estas y otras preguntas que tú puedes añadir deben ser respondidas concisamente, pero después de meditar y reflexionar sobre cada una de ellas.

Renueva tu propósito, no lo abandones, aunque para hacerlo más adaptable a las fuerzas de que dispones en el momento tengas que redefinirlo distribuyéndolo en objetivos parciales. Por ejemplo, «soy un estudiante y me propongo sacar el curso sin suspender ninguna materia, pero llega la primera evaluación, suspendo dos asignaturas y... me caigo con todo el equipo». Hay que levantarse y pensar que no se ha perdido nada, sólo tienes que estructurar el objetivo del curso en metas más pequeñas, como *aprobar cada evaluación* y esto, a su vez, desmenuzarlo más. Un buen método sería *estudiar y asimilar la materia explicada cada día,* pero comprometiéndome a ello seriamente y no acostarme hasta haber conseguido mi pequeño logro. «El objetivo final sigue siendo el mismo, pero al distribuirlo en otros más pequeños he podido concentrar mis fuerzas diarias en conseguirlos, con lo que el resultado es más fácil y las consecuencias más halagüeñas: en los días previos al examen no tendré que darme un atracón de estudio, con la consiguiente falta de asimilación; estaré más descansado porque no necesitaré perder sueño; estaré más seguro de mí mismo y no dominado por los nervios, que tantas malas pasadas me pueden jugar.»

En cuanto a los demás, pasa olímpicamente de las críticas y busca la compañía de quienes quieren y pueden ayudarte de forma sincera en tu empeño de conseguir tu objetivo, con el deseo de ayudarlos tú también y con la convicción de que puedes hacerlo.

En cuanto a los contratiempos surgidos, valóralos objetivamente, reflexiona sobre la actitud que has adoptado ante ellos y qué comportamiento has desarrollado como reacción. Saca de ello las oportunas enseñanzas y sigue tu camino con el ánimo renovado.

6. Piensa en la fuerza impulsora del trabajo en equipo. ¿Qué sucede cuando dos o más personas trabajan en pro de un mismo fin y en espíritu de armonía? Que las fuerzas individuales se multiplican y el logro de los objetivos se consigue con mayor rapidez y de forma más creativa. Las ideas propias generan nuevas ideas en los demás y las fuerzas de los demás incrementan las propias; si uno duda, el otro despeja y clarifica; si uno desfallece el otro sostiene y así, en equipo, se camina de forma más ligera y distendida. Por eso no te obstines en seguir tu camino en solitario, no dudes en solicitar la ayuda que necesitas, pero ten la prudencia suficiente para seleccionar a la persona o personas adecuadas. Ha de existir comunidad de intereses en conseguir el objetivo propuesto. La persona elegida tiene que tener actitudes favorables hacia las metas proyectadas, poseer aptitud para desarrollar el trabajo que exige llevar a cabo el plan establecido, tener el deseo de colaborar contigo, paso a paso, para conseguir tus fines, que desde el momento que empieza la colaboración son «vuestros» fines, una meta común. Ha de ser leal para no entorpecer el trabajo en su propio beneficio, ajeno a la tarea común. Tiene que sentirse igual y compartir la responsabilidad de la obra bien hecha.

— Es necesario hacer de vez en cuando un alto en el camino, revisar las alforjas y reponer fuerzas, haciendo acopio de ánimo ante los pequeños fracasos que pueden producirse.

— El fracaso es un resultado diferente del que esperábamos, pero nos aporta luz y enseñanza para seguir el camino.

— En cada una de las etapas que recorres has de elevar tu corazón, dar las gracias por los bienes que se te han concedido y renovar tus propósitos.

— Abandonarte en el desánimo y no respetar tus compromisos contigo mismo puede desviarte del camino que te conduce al éxito.

— Mantener tu mente ocupada en un propósito bien definido te ayuda a reafirmarte en seguir tu camino.

— Recorres tu camino y es tu responsabilidad, cuentas con tus propias facultades, pero también con el apoyo de los demás, que te proporcionarán su fuerza impulsora si tú lo solicitas.

Trabajo personal

— De todas las ideas expuestas en este capítulo, ¿con cuáles me identifico más? ....

....

....

....

— ¿Cuáles me afectan más directamente? ....

....

....

— ¿Qué debería cambiar, mejorar o potenciar en mi vida a la vista de cuanto acabo de leer? ....

....

....

....

— ¿Cuándo empezaría este cambio o mejora? ....

....

....

....

— ¿Qué obstáculos preveo que podrían surgir? .....

....

....

....

— ¿Cómo los superaría? ....

....

....

....

— Expreso en pocas y claras palabras el objetivo que me marco y que me comprometo a lograr ....

....

....

....

— Observaciones ....

....

....

....

XII. VISUALIZA EL EXITO

El que tiene imaginación, con qué facilidad saca de la nada un mundo.

G. A. Bécquer

El poder de la imaginación

Durante los últimos años se han realizado muchas investigaciones sobre lo que se ha denominado «predominio cerebral». En síntesis, se trata de lo siguiente: cada hemisferio del cerebro (el izquierdo y el derecho) se especializa en diferentes funciones, procesa diferentes tipos de información y se encarga de distintas clases de problemas. El hemisferio izquierdo es más lógico, verbal y analítico, y el derecho más creativo, sintético, globalizador e intuitivo.

Todas las personas empleamos los dos hemisferios cerebrales, aunque en unas predomina el izquierdo y en otras el derecho, pero lo ideal es cultivar y desarrollar una buena comunicación entre los dos.

El hemisferio derecho nos permite ampliar nuestras perspectivas, visualizar, sintetizar, trascender el momento y las circunstancias actuales y proyectar una poderosa imagen, rica, fascinante, llena de colorido.

HEMISFERIO

IZQUIERDO	DERECHO
— Trata con palabras, con detalles, por partes. — Analiza, divide y fragmenta, piensa secuencialmente.	— Amplia nuestras perspectivas, visualiza. — Proyecta imágenes. — Sintetiza, une. — Piensa de modo simultáneo.

El duodécimo hábito para el éxito es *visualizar lo que pretendemos conseguir* con toda riqueza y lujo de detalles. La tremenda capacidad del hemisferio derecho puede servirnos de incalculable ayuda para lograr una perfecta afirmación del objetivo que nos hemos propuesto. S. R. Covey, dice: «Una buena afirmación debe ser personal, positiva, realizada para el presente, visual y emocional.» Cuanto más clara y viva sea la imagen que me forme de mí mismo, sintiendo y experimentando el éxito antes de lograrlo, la visualización será más completa y contribuirá de manera más rápida y directa al logro del objetivo. Hoy sabemos que la parte derecha del cerebro, el lado visual y creativo, es uno de los bienes más preciados y valiosos que poseemos para lograr la visualización y afirmación de cuanto deseamos.

Se sabe que la mayoría de los atletas internacionales, con marcas más altas, así como los grandes triunfadores en la vida profesional, artística o de los negocios, son estupendos visualizadores que ven, sienten, piensan y experimentan su objetivo antes de lograrlo y lo viven con la misma intensidad y realismo como si ya lo hubieran logrado.

Aconsejo al lector que no olvide jamás esta estrategia para el éxito y que, antes de cualquier tarea, de un encuentro difícil, del intento de alcanzar una meta, procure verla ya lograda con toda nitidez, disfrutarla, gozarla, desearla con todas las fuerzas como algo inexorable una y otra vez, con insistencia, hasta con tozudez.

Háblate a ti mismo con entusiasmo, plenamente convencido de que lo visualizado es ya una realidad y comprobarás que todo te resulta mucho más fácil y hasta divertido.

La visualización

Como lo que nos interesa son los resultados prácticos de la visualización no vamos a entrar en las profundidades de las teorías que avalan su importancia; pero haré mención de las múltiples investigaciones que se han realizado y se siguen realizando sobre el poder que tiene esta práctica de la *representación mental controlada,* tanto en caso de enfermedad como de mejora y superación de otras áreas de la vida. Con respecto a la enfermedad son importantes los testimonios de los doctores Stephanie y Carl Simonton sobre enfermos aquejados de cáncer, que han logrado superar dicho mal y eludir los efectos secundarios negativos de los tratamientos de quimioterapia y radioterapia, valiéndose de las imágenes creadas en sus sesiones de visualización, las cuales son empleadas como otro elemento terapéutico. Es decir, el tratamiento médico por un lado y la visualización creativa por otro han sido capaces de confluir y realizar el hecho extraordinario de vencer una enfermedad cuya sola mención estremece, pues va asociada generalmente a la cualidad de incurable; la experiencia nos ha enseñado que no es así, que siempre hay esperanza si se ponen en juego el amor, la fe y la creatividad. Hay otros doctores, además de los mencionados, que se sirven de la visualización para obtener óptimos resultados en el tratamiento de sus enfermos: por ejemplo, el doctor Bernie S. Siegel, especialista en el Yale New Haven Hospital, que se vale de la visualización para que los aquejados de diferentes enfermedades, como artritis, diabetes, dolencias de corazón, etc., tomen parte activa en su curación y la consigan. En los casos en que la eliminación del mal no se consigue totalmente, al menos se alcanzan expectativas de mejor calidad de vida y alargamiento de la misma.

Después de esta larga introducción sobre los múltiples efectos positivos de la visualización, bueno es dar respuesta a varias preguntas:

1. ¿Qué es la visualización?
2. ¿Cómo practicar la visualización para obtener resultados acordes con lo que nosotros queremos?
3. ¿Cómo favorecer la práctica de la visualización?

Vamos a centrarnos en la primera cuestión. ¿No nos ha sucedido muchas veces que al escuchar las notas de una melodía, aspirar un determinado aroma, contemplar un objeto o un paisaje se han puesto en marcha los mecanismos del recuerdo y hemos *revivido* escenas del pasado? Nótese que resalto la palabra *revivido,* porque no sólo pasan ante nosotros las imágenes, sino que escuchamos, miramos, tocamos, sentimos plenamente las mismas emociones del momento evocado, por muy lejos que esté en el tiempo.

Así pues, ya estamos en disposición de decir qué es la visualización y definirla como *un proceso en el que se reactivan las experiencias sensoriales y emocionales.* Pero no queremos quedarnos en la mera definición, sino aprovechar esta capacidad y canalizarla para conseguir nuestros objetivos, de la misma manera que no se deja correr el agua de los torrentes para que anegue los campos, sino que se le ponen diques y se conduce por canales y acequias para regar y hacer fructificar la tierra. De este modo nos vamos a permitir servirnos de los recursos que tenemos almacenados y vamos a utilizarlos de la forma más adecuada, para obtener buenos resultados.

Este almacenamiento parece que se produce en el hemisferio derecho, al que la Escuela de Pensamiento Californiana, promotora del Movimiento de Potencial Humano, denomina el *influyente.* Es en el inconsciente donde se van acumulando nuestras experiencias vividas, de acuerdo con las cuales se forman poco a poco nuestros sistemas de referencia y de donde extraemos información cuando necesitamos adaptarnos a nuevas situaciones.

Tenemos que distinguir entre *visualización eidética* y *visualización creativa.* La visualización eidética es la que representa imágenes de algo ya conocido, como si miráramos un cuadro, un paisaje y luego lo reprodujéramos mentalmente, detalle a detalle, como si proyectásemos una película. Esta modalidad de visualización es muy importante —aunque no es el objeto de nuestro estudio—, ya que facilita el acceso a la visualización creativa, que es la que verdaderamente nos interesa. La visualización creativa es la que «nos permite poner los recursos acumulados al servicio de nuestros proyectos futuros», por medio de la combinación de imágenes, aromas, sonidos, iluminación, etc. Con la visualización eidética reproducimos, con la creativa «producimos»; somos los productores, los guionistas y los directores de la película, los creadores de nuestra propia vida... Si nos atrevemos a soñar... Si nos atrevemos a hacer volar nuestra imaginación... Si nos atrevemos a cambiar, ya que algunas veces nos resulta más fácil (quizá por conocido) sentarnos y lamentarnos que tomar la responsabilidad de nuestra vida, de nuestra felicidad. Y esto no es que te ocurra a ti, a mí y al vecino de al lado, sino que es bastante generalizado. Sentimos miedo a cambiar porque tememos lo desconocido y también porque sabemos que este cambio implica un esfuerzo que muchas veces no nos atrevemos a realizar ni a mantener. Como escribió el poeta W. H. Auden: «Preferimos hundirnos a cambiar, preferimos morir en nuestro espanto a subir a la cruz del instante y dejar morir nuestras ilusiones.»

Pasemos ahora a la segunda cuestión: *¿cómo practicar la visualización* para obtener resultados acordes con nuestros deseos?

¿Creemos que en una posición incómoda y con la mente dispersa en mil asuntos podemos ejercitarnos en una buena visualización?

La primera e indispensable condición para una buena práctica de visualización es la tranquilidad, estar relajados física y mentalmente. Para esto elegimos un lugar que nos facilite el recogimiento, ya sea un lugar de la casa, del jardín (quien lo posea) o un espacio público. Todo depende de *nosotros* y recalco el *nosotros* porque somos los que mejor sabemos dónde nos sentimos más cómodos, más alejados de los estímulos que puedan distraernos. Necesitamos adoptar una postura corporal cómoda, bien tumbados o sentados, sin cruzar las piernas ni los brazos; lo indispensable es que nos sintamos bien, desahogados, que no haya interferencias ni obstáculos a la energía que circula a través de nosotros. La luz ha de estar regulada suavemente, o incluso apagada. Aquí vuelvo a incidir en lo dicho anteriormente sobre las preferencias personales. Puede haber personas a quienes la luz, ya sea natural o artificial, no les cause ningún problema para relajarse y también puede haber personas que rechacen la oscuridad total. En éste, como en los demás casos de lugar y postura, es necesario ensayar, probar de qué forma nos sentimos mejor. Ya preparado y acondicionado nuestro cuerpo es más fácil que nuestra mente esté más reposada; no obstante, la relajación no es suficiente.

Es necesario practicar lo que llamamos *relajación alerta.* Hay que destacar que hemos de estar tranquilos, pero no dormidos, aunque tengamos los ojos cerrados; que vamos a realizar un «trabajo mental» y que debemos estar atentos a lo que hacemos. Para alcanzar esta atención nos centramos durante unos momentos en nuestra respiración, sin forzarla, tal como la experimentamos: aspiro, espiro; inhalo, exhalo; que cada cual elija la palabra que más le guste, de acuerdo con el momento de la respiración que está efectuando. Manteniéndonos así, durante unos momentos, percibiremos cómo nuestra respiración se va acompasando, se va haciendo más rítmica... Ya funciona el foco de atención.

Ya está realizada la puesta en escena, ahora vamos a ensayar el papel que esperamos desempeñar en el drama de la vida. Comienza el proceso de visualización propiamente dicho.

1. Delimitamos una pantalla mental en la que vamos a proyectar las imágenes del objetivo que deseamos ver materializado en la realidad. La creación de la pantalla es importante porque constituye el soporte de la proyección. Teniendo un campo delimitado donde transcurre la acción imaginada evitamos el peligro de dispersión, controlamos las imágenes creadas en el lugar creado para obtener un resultado de acuerdo con nuestros deseos.

2. Traemos a nuestro pensamiento el objetivo que queremos alcanzar, con las personas que han de intervenir y el lugar donde va a suceder.

3. Formamos una imagen muy clara y muy bien definida de aquello que deseamos hacer realidad.

4. Iluminamos la imagen, le damos vida por medio de la voluntad que alimenta el deseo y la sostenemos con fe, con la fe de que la culminación del objetivo está conseguida.

5. Cristalizamos la imagen por las palabras afirmativas de *creencia* y *expectación,* que nos hacen tener confianza en el resultado.

6. Durante el proceso pronunciamos claramente y a menudo las palabras de realización. Lo hacemos con convicción, totalmente concentrados en la idea de que es eso, precisamente, lo que proyectamos, lo que queremos alcanzar; y lo hacemos con la absoluta certeza de que estamos consiguiendo lo que queremos.

Es importante que «sintamos» que la acción se está realizando ya, que no es algo que sucederá en el futuro. Hay que tener en cuenta que en la mente no existe la dimensión tiempo.

7. No desviamos nuestra mente de nuestro objetivo ni aceptamos interferencias que obstaculicen su consecución.

8. Ponemos en juego, durante el proceso, todos nuestros sentidos y sistemas de comunicación: oímos, vemos, tocamos... Sentimos las más variadas emociones: entusiasmo por la persistencia del deseo, alegría por la realización del objetivo que consideramos ya alcanzado. El ánimo siempre se ha de mantener en alto y en alto también las expectativas de éxito.

9. Una vez conseguido el éxito en nuestra proyección mental, apagamos la pantalla y mantenemos nuestros ojos cerrados.

10. Nos hacemos conscientes nuevamente de nuestra respiración.

11. Hacemos unos ligeros y suaves movimientos con nuestros miembros para evitar la brusquedad del paso de inmovilidad absoluta al contacto de la realidad cotidiana.

12. Abrimos los ojos.

Después de este proceso nos ocupamos de nuestra vida diaria, sin obsesionarnos, «despegándonos» de alguna manera, sabiendo que nuestro objetivo está logrado y que ya veremos los resultados en su momento.

Ahora bien, no podemos pretender que las cosas se produzcan por arte de magia, sin que hagamos nada para actualizar lo que pretendemos conseguir.

Por medio de la visualización hemos trazado el camino mental de la realización, pero de forma paralela hemos de preparar el camino físico. Hemos ensayado. Ahora estamos en el día del estreno y... hay que actuar. No hay más remedio.

El proceso descrito constituye una guía muy somera, en la que cada cual va a poner su impronta personal. Ahora bien, lo que es absolutamente necesario es que sea un proceso relajado, muy nítido, ordenado, iluminado, sistematizado, coherente, sentido, vivido, logrado...

Al principio pueden surgir ciertas dificultades en la formación de imágenes, ya que no todas las personas tenemos el mismo sistema de representación dominante; pero no olvidemos que la capacidad de imaginar es una facultad que todos poseemos y de la que no hemos abdicado, aunque la hayamos dejado de ejercitar por imperativos excesivamente racionalistas. Por eso, y para que todo sea más fácil, antes de comenzar el ejercicio de visualización hemos de tener en cuenta lo siguiente:

a) Vamos a actuar con tranquilidad, poniendo de nuestra parte lo necesario para conseguir un buen ejercicio de visualización.

b) Vamos a desterrar de nuestro pensamiento el temor a no realizar un buen ejercicio.

c) Vamos a pensar que superaremos estas pequeñas limitaciones, porque podemos hacerlo.

d) Vamos a acariciar la idea de que, con la práctica, conseguiremos unos excelentes ejercicios de visualización, sin perder la fe en nuestra capacidad para lograrlo.

Aunque no nos resulte fácil al principio trazar imágenes claras y nítidas, sí podemos hacer el esbozo de lo que queremos; después, las líneas se irán haciendo más detalladas. Lo importante es que tengamos muy claro nuestro objetivo y que nuestra intención de representarlo sea firme y persistente. Esta persistencia se irá transmitiendo a la imagen que, poco a poco, también se mostrará bien definida en sus líneas generales y clara en sus detalles.

Para facilitar el ejercicio se aconseja empezar representándonos algo conocido, un paisaje, un cuadro, etc., a lo que iremos añadiendo algún detalle de nuestra invención, que podía servirnos como punto de partida para crear una pequeña historia en imágenes.

Siempre será cada uno el que, si está verdaderamente interesado en el ejercicio de la visualización, encontrará la forma más adecuada para ejercitarse lo mejor posible y obtener los resultados más favorables.

Y, por fin, llegamos a la tercera cuestión: *Cómo favorecer la práctica de la visualización.*

Aparte de las condiciones descritas, como relajación, atención, persistencia en el deseo, fe en la consecución del objetivo, hay algunos factores que ayudan a conseguir tranquilidad, atención, etc. Hay quien se sirve de un fondo de música suave, relajante. Otros graban en cinta magnetofónica el ejercicio con su propia voz o con la de una persona amiga que posea voz suave, melódica, sugestiva. También hay quien escribe su ejercicio de forma detallada y lo lee en estado de relajación.

¿Qué es lo mejor? Aunque sea reiterativo, sólo existe una respuesta: eres tú mismo quien decide qué es lo que más te ayuda a conseguir un mayor provecho de la visualización.

Es muy importante mantener la atención a lo largo del día, en todas las actividades que realices. Si logramos ser conscientes en cada momento de lo que estamos haciendo, sintiendo y pensando, estaremos educando la mente, enseñándola a mantenerse alerta, despierta, y estaremos facilitando nuestra concentración, tan necesaria en la visualización.

— La práctica de la visualización es una ayuda inestimable para conseguir nuestros objetivos.

— Hay que aprovechar la *visualización creativa* que nos permite servirnos de nuestras experiencias pasadas para conseguir nuestros proyectos futuros.

— Para hacer un buen ejercicio de visualización es necesario ponerse en estado de relajación; pero *relajación alerta,* ya que realizas un trabajo.

— La imagen del deseo que queremos ver convertido en realidad ha de ser lo más vívida posible, sostenida por la fe e iluminada por la esperanza de la realización.

— Durante el proceso de visualización se han de pronunciar palabras de realización, sintiendo que se materializan tus deseos.

— Eres tú quien decide cómo, cuándo y dónde ejercitar la visualización, para obtener un mayor beneficio de su práctica.

Trabajo personal

— De todas las ideas expuestas en este capítulo, ¿con cuáles me identifico más? ....

....

....

....

— ¿Cuáles me afectan más directamente? ....

....

....

....

— ¿Qué debería cambiar, mejorar o potenciar en mi vida a la vista de cuanto acabo de leer? ....

....

....

....

— ¿Cuándo empezaría este cambio o mejora? ....

....

....

....

— ¿Qué obstáculos preveo que podrían surgir? .....

....

....

....

— ¿Cómo los superaría? ....

....

....

....

— Expreso en pocas y claras palabras el objetivo que me marco y que me comprometo a lograr ....

....

....

....

— Observaciones ....

....

....

....

XIII. UNA VOLUNTAD FUERTE

Las voluntades débiles se traducen en discursos; las fuertes, en actos.

G. LE BON

LA ENERGÍA PARA ACTUAR

Todo lo leído hasta ahora y los capítulos posteriores no tendrán ninguna utilidad si no se pone en práctica lo asimilado, y esta práctica, esta realización, se lleva a efecto por obra de la voluntad que tiene que estar presente siempre en nuestra vida para que verdaderamente podamos considerarla *nuestra,* es decir, surgida al hilo de *nuestros* pensamientos, de *nuestros* deseos, de *nuestras* decisiones y no al socaire de lo que las circunstancias mandan u otras personas imponen. Esto no significa que nos rebelemos interna o abiertamente ante todo o ante todos (que es lo que algunas personas confunden con voluntad y libertad), aunque si así tuviera que ser para mantenernos fieles a nosotros mismos, habría que considerar dicha posibilidad en circunstancias muy extremas. Lo que quiero expresar es que la obediencia, el sometimiento a las normas ineludibles, debe ser algo razonado y *voluntariamente aceptado* en pro de la consecución de un bien común. Esto implica que hay que conocer las leyes que rigen la sociedad, las normas para una buena convivencia entre todos, y conocernos a nosotros mismos como individuos y como copartícipes de esta sociedad en que nos movemos, en la que vivimos y a cuyo desarrollo hemos de prestar nuestra cooperación.

Se podrían elegir miles de definiciones que ofrecen los manuales de psicología y se podrían ofrecer grandes disertaciones seleccionadas de las obras de los grandes pensadores, pero nos interesa lo práctico, lo necesario para mejorar nuestra vida, para transformarla, reeducarla, en una palabra; por eso nos detendremos en la definición que ofrece el doctor Arthur, refiriéndose precisamente a la reeducación: «La voluntad es una energía propia del Yo que nos permite organizar libremente la representación de un acto y pasar libremente a su ejecución.»

Si analizamos con detenimiento esta definición y desgranamos sus elementos nos encontramos con los siguientes factores:

— Una fuerza propia de nosotros mismos, que debemos aprovechar en nuestro propio beneficio para evitar el riesgo de que derive en perjuicio nuestro al dejarla al albur de los impulsos instintivos, sin orden ni dirección.

— Esta fuerza está contenida en el Yo. Yo, persona consciente, donde se generan «mis» deseos, fuente y a la vez meta de «mis» motivaciones, en virtud de las cuales se organiza «mi» conducta, que da como resultado el acervo de todas mis experiencias vividas; también de las que me quedan por vivir, pues el Yo sentido, vivido, está en un proceso constante de transformación: lo que soy en este momento, lo soy en virtud de lo que fui ayer, y lo que seré mañana lo seré en virtud de lo que soy hoy. Por esto es importante canalizar nuestros pensamientos y deseos hacia la ejecución de acciones que nos conduzcan a nuestras metas personales.

— Esta fuerza, después de percibir y concebir el deseo, pone en juego su capacidad de imaginar, lo representa en la mente y organiza el plan, la forma de llevarlo a la práctica.

Fomentemos, entrenemos nuestra capacidad de imaginar, seamos creativos, ilusionados y entusiastas en nuestros procesos de visualización para poder obtener mejores y más rápidos resultados en la realidad.

LA INDECISIÓN, FUENTE DE MALESTAR

La voluntad tiene que pasar a la acción. Tiene que ejecutar; si no es así, si falta la acción, su energía pierde toda la eficacia y puede quedar en un mero deseo que, aunque necesario, es pasivo ante el objeto incentivante y no suficiente para alcanzarlo. Tampoco es suficiente la intención, si no se hace algo por hacer efectivo ese «querer».

Los *actos eficaces* son solamente aquellos que nos llevan a la ejecución de lo planeado.

Nos detendremos de nuevo en la palabra *planeado,* para diferenciar el acto propiamente volitivo y los actos impulsivos, en los que no hay deliberación y se desperdicia mucha energía.

También vamos a hacer caso omiso de las veleidades, en las que hay una ausencia total de personalidad, decisión, ganas de «querer» y ganas de «hacer». Todos tenemos en nuestro entorno personas veleidosas que se pasan el día diciendo «me gustaría», «quisiera», etc., y que cuando se les proponen alternativas para acceder a lo que quieren no están dispuestas a llevarlas a la práctica. Es el caso de muchas personas que «quieren dejar» algún uso o costumbre, pero que rechazan todas las propuestas que se les hacen, aduciendo muchas veces argumentos ridículos para no probar siquiera lo que se les propone como sustitutivo de lo que «de boquilla» desean dejar. No están dispuestos a hacerlo, porque no quieren de verdad. Les falta sinceridad en el querer y, en definitiva, se perjudican porque se engañan a sí mismos constantemente.

Pero no es éste tu caso, amigo lector, al que imagino con deseos auténticos de mejora personal y dispuesto a llevar a la práctica las acciones necesarias para conseguir tus objetivos proyectados; por eso vamos a seguir, y nos centraremos en nosotros mismos para comprobar si nuestros actos son verdaderamente voluntarios.

Suponemos que ya has recibido el impulso. Se han despertado tus deseos ante el objeto incentivador; pero antes de llevarlo a cabo hay que dejar un intervalo de tiempo para deliberar, para sopesar los pros y los contras de su realización.

Para que la concreción del deseo quede plasmada no sólo en tu interior, toma tu cuaderno de trabajo personal y escribe. Conseguirás clarificar tus ideas y contraerás un compromiso mayor contigo mismo.

1. Concreta lo que quieres.
2. Especifica los motivos que te hacen desear eso que quieres: por qué lo quieres y para qué y qué cambio supondrá en tu vida el obtenerlo.
3. Qué facultades tienes que poner en juego y qué estrategia debes seguir para alcanzarlo.
4. Qué opciones tienes que dejar de lado, a qué tienes que renunciar para ir en pos de tu deseo y realizarlo.

Escribe de forma breve, pero pensando y razonando muy bien todos los puntos.

Si después de pensar y valorar los pros y los contras, llegas a la decisión de ejecutar la acción, no la demores ni des ocasión a que se infiltre en tu interior la duda o un punto contrario; si así fuera todo el trabajo anterior habría sido en vano.

Si te permites debatirte en dudas, aplazando así interminablemente la decisión, te sentirás mal no sólo desde el punto de vista anímico, sino también físico, ya que el cerebro se sobrecarga de energías sin salida. Probablemente hayas tenido ocasión de comprobar cómo en algún momento de tu vida en que has estado deliberando sobre algún tema que para ti era sumamente importante, mientras dudabas entre decidirte por una alternativa u otra, tu cabeza parecía a punto de estallar; sin embargo, en el momento de *decidirte* por una opción, aun sin estar seguro del resultado, se produjo instantáneamente el descanso, la tranquilidad; de lo que se deduce que la *indecisión es fuente de cansancio.* Esto no es una afirmación gratuita, sino que está avalada por los experimentos científicos de algunos doctores, entre otros el francés Roger Vittoz que trata el tema en su obra *Traitement des psychonévroses par le réeducation du contrôle cérébral.*

Para combatir la indecisión es bueno conocer cuáles son sus raíces. P. Lersch, en su obra *La estructura de la personalidad,* señala las siguientes causas para la indecisión:

1. Entre la multitud de tendencias el hombre reconoce sus deseos, pero tiene *incapacidad de decidir* porque ello supone renunciar a otras posibilidades y no todas las personas están acostumbradas a la renuncia.
2. Hay quien es incapaz de decidir porque sienten *miedo a la responsabilidad, el riesgo, la falta de seguridad* (no sabe cómo se van a presentar los resultados y esto le desasosiega). En este apartado hay que tener en cuenta las palabras de Nietzsche cuando dice: «Todas las acciones decisivas y valiosas [...] son hechas sin seguridad.» Hay que decidir, arriesgarse y..., como reza el dicho popular, «que salga el sol por Antequera».
3. Otra fuente de indecisión se encuentra en el *estado de ánimo privativo de la persona.* Si se tiende generalmente al estado depresivo sólo se verán las dificul-

tades, la cara sombría de la vida, y en este estado no es fácil tomar decisiones y realizar actos eficaces.

A todas estas personas, a las que no les es fácil tomar decisiones, hay que ayudarlas en este cometido hasta que vayan alcanzando madurez y la suficiente seguridad en sí mismas como para considerarse dueñas de su propia vida, ya que si no es así no pueden efectuar acciones eficaces y exitosas (aunque sean pequeñas), que les proporcionen, a su vez, las cualidades de seguridad y autoestima.

Tenemos que convencernos de que todo proceso volitivo exige un esfuerzo que puede ser realizado con alegría o con molestias, todo dependerá de la actitud que se adopte ante dicho esfuerzo. Se puede traer a colación la historia de los tres canteros que cuenta el fallecido P. Martín Descalzo en su «Cuaderno de apuntes» del suplemento dominical de *ABC,* de hace algunos años:

> «Se acerca un viajero a un grupo de canteros y pregunta a uno de ellos:
>
> —¿Qué estás haciendo?
>
> —Ya ves —respondió—, aquí, sudando como un idiota y esperando que lleguen las ocho para largarme a casa.
>
> —¿Qué es lo que haces tú? —preguntó al segundo.
>
> —Yo estoy ganándome mi pan y el de mis hijos.
>
> —Y tú —preguntó al tercero— ¿qué estás haciendo?
>
> —Yo estoy construyendo una catedral —respondió.»

De lo que se deduce que es el sentido que se da al esfuerzo el que hace que éste sea una carga pesada que amenaza con aplastarnos, o una pluma liviana que nos impulsa como una saeta disparada al centro de la diana que es nuestra meta: la formación de nuestro carácter, el desarrollo de nuestra personalidad, la construcción de nuestra vida... Nuestra obra más trascendente y definitiva que jamás podremos alcanzar si nos falta la voluntad necesaria.

Hay que ejercitar la voluntad

Desarrollar la voluntad consiste en adquirir hábitos de querer. La voluntad sólo es cuestión de hábitos contraídos con ejercicios sistemáticos que nos han supuestos al principio bastante esfuerzo, *voluntad constituyente,* pero que hacen que después todo resulte fácil, gratificante y agradable, de modo que realizamos el trabajo de manera casi automática y espontánea, *voluntad constituida,* sin apenas esfuerzo. Sí, por paradójico que pueda parecer, aunque se suele utilizar el término *voluntad* como sinónimo de esfuerzo, la realidad es que la voluntad es más auténtica cuanto menos esfuerzo nos exija, porque eso significará que ya estamos en posesión plena de la voluntad hecha y madura, *constituida.*

Sin embargo, mientras la voluntad se está haciendo, *constituyente,* es necesario gran tesón y esfuerzo para repetir actos positivos que se conviertan cuanto antes en hábitos.

Aunque se puede curar a un enfermo sin que colabore, en el caso de la voluntad poco podemos hacer para desarrollarla y perfeccionarla sin la participación y el ejercicio personal del individuo que pretende lograr una fuerte voluntad. No obstante, es posible diseñar estrategias que vayan modificando gradualmente la pasividad y la falta de determinación de quien no tiene voluntad, llevando a la práctica en lo posible los puntos que exponemos a continuación.

Decálogo de la voluntad

1. *Formula tus propósitos de forma positiva* y no utilices expresiones como «lo intentaré», «trataré» o «haré lo posible». Di sencillamente: «Lo hago ahora», sin más dilaciones, porque sabes que es algo que te con-

viene (acumula todas las razones a favor del logro del objetivo y refléjalo por escrito).

2. *Fíjate objetivos medibles, observables.* Lleva un registro gráfico de los logros obtenidos (autoobservación) y que otras personas, ante las cuales has hecho compromiso público y notorio, te evalúen (heteroobservación).

3. *Que lo que te propongas sea algo posible y te permita tener algún éxito pronto.* Así te acercarás al éxito final de manera gradual, pero no hagas excepción alguna hasta que el nuevo hábito esté firmemente arraigado.

4. *Márcate un límite máximo de tiempo, contrólate parcialmente* y observa a qué ritmo y con qué eficacia te acercas al objetivo. Aprovecha cualquier ocasión para aplicar las resoluciones tomadas y sigue cualquier sugestión emocional que esté orientada en el sentido del hábito que deseas adquirir.

5. *Debes ser muy consciente de que tú eres el único responsable;* no «eches balones fuera», ni culpes a los demás. Aprende a depender por completo de ti mismo y no hagas concesiones ni excepciones hasta lograr la voluntad constituida.

6. *Sé previsor, sensato y práctico.* Vuelve a tus experiencias del pasado y averigua cómo, por qué y cuándo se vinieron abajo tus buenos propósitos. ¿Cómo acostumbras a engañarte a ti mismo?

7. *Ayúdate con ejemplos vivos de fuerte voluntad.* Acércate a alguien que te arrastre a ser responsable y decidido y te contagie su voluntad.

8. *Haz algo por la simple razón de que no te guste, algo que prefieras no hacer.* Así, cuando una circunstancia adversa o una tremenda dificultad ponga a prueba tu voluntad, estarás bien adiestrado para pasar a la acción, a pesar de los obstáculos, por insuperables que parezcan.

9. *Resume en una frase breve, pero clara y expresiva, el compromiso adoptado.* Escríbelo en una cartulina

que colocarás en un sitio bien visible y así lo mantendrás siempre vivo en tu memoria.

10. *Prémiate, felicítate, proporciónate recompensas* pequeñas e inmediatas para trabajos y actos de voluntad de inmediata realización y otras mayores y más importantes recompensas para objetivos importantes y a largo plazo.

El mejor premio que se puede conseguir por medio del desarrollo de la voluntad es la *confianza en sí mismo,* la convicción de que uno no tiene nada que temer y que da la fuerza necesaria para emprender nuevos caminos, ensayar nuevos proyectos. Fuerza que produce equilibrio interior y serenidad exterior ante los choques con una realidad muchas veces dura, injusta, poco grata, pero que hay que aceptar como es y transformarla partiendo de la propia realidad individual, también transformada y recreada.

Para acostumbrarse al esfuerzo voluntario es bueno ejercitarse con ese propósito. Pueden ser ejercicios muy sencillos, porque de lo que se trata es de «darse cuenta», al pensar y reflexionar sobre lo dicho, de lo poderosa que es la fuerza que la voluntad pone en juego.

Te propongo un modelo de ejercicio que tú puedes practicar para desarrollar y fortalecer tu voluntad.

1. Realiza cada día una acción que no tenga una utilidad inmediata y que te resulte algo fastidiosa. Puede ser, por ejemplo, recorrer una calle, hablar con alguien que te sea simpático, etc.

2. Anota en tu cuaderno de trabajo la acción que hayas elegido y la hora a la que la vas a realizar. Una vez ejecutada anota todo lo observado, tanto exterior como interiormente, cómo te has sentido durante la realización y después de ella.

3. Es muy importante que no dejes de realizar este ejercicio ningún día y que no pongas excusas. Si algún

día dejaras de hacerlo anota también en tu cuaderno, junto a la hora destinada al ejercicio, esta omisión y también la causa de la misma.

4. Compara estas anotaciones cuando lleves cierto tiempo practicando seriamente y anota también tus sentimientos y conclusiones al respecto.

5. Sigue con la práctica porque, junto al desarrollo de la voluntad, te va a reportar el despertar de otras facultades que tú creías dormidas.

Para animarte más en tu empeño de conseguir pacientemente una voluntad poderosa, he aquí lo que dicen algunos grandes hombres:

> «Es imposible dar una ojeada a las condiciones en las que se desarrolla la vida del hombre, sin darse cuenta de cómo el resultado depende realmente de la medida en que la fuerza de voluntad se cultiva con resolución.» (Shermann.)
>
> «La energía de la voluntad es el alma de todo carácter. Donde se halla no existen debilidades, incapacidad o desánimo. Las conquistas del poder de la voluntad son casi incalculables.» (O. S. Marden.)
>
> «La más auténtica sabiduría reside en una determinación resuelta.» (Napoleón Bonaparte.)
>
> «La educación de la voluntad es la meta de nuestra existencia.» (Emerson.)

Y yo añado que la educación de la voluntad reviste tantísima importancia porque es capaz de cambiar el destino de una vida humana.

— Los variados estímulos promueven el deseo.

— La decisión es el detonante de la acción.

— Sin la acción toda la pólvora del deseo se desperdicia en salvas.

— De nada sirve «desear». De nada sirve «querer». Sólo sirve actuar.

— Ejercita la voluntad para servirte de ella en el logro de tus éxitos.

— Un fuerte deseo, un deliberar inteligente, una firme decisión y una actuación perseverante te conducen directamente a tus metas.

Trabajo personal

— De todas las ideas expuestas en este capítulo, ¿con cuáles me identifico más? ....

....

....

....

— ¿Cuáles me afectan más directamente? ....

....

....

....

— ¿Qué debería cambiar, mejorar o potenciar en mi vida a la vista de cuanto acabo de leer? ....

....

....

....

— ¿Cuándo empezaría este cambio o mejora? ....

....

....

....

— ¿Qué obstáculos preveo que podrían surgir? .....

....

....

....

— ¿Cómo los superaría? ....

....

....

....

— Expreso en pocas y claras palabras el objetivo que me marco y que me comprometo a lograr ....

....

....

....

— Observaciones ....

....

....

....

....

....

....

....

....

XIV. VIVIR MEJOR PARA SER MAS: UNA TAREA PERMANENTE

Cuesta tanto llegar a ser plenamente humano que son muy pocos los que poseen el esclarecimiento o el valor necesarios para pagar el precio requerido.

M. L. West

Tras la teoría, la práctica

En este capítulo pretendo ofrecer unos ejercicios que ayuden a llevar a la práctica la teoría de que se ha nutrido el lector a lo largo de los capítulos precedentes. Técnicas que le ayudarán a vivir mejor, y explico lo que entiendo por *vivir mejor*. Vivir no es un pasar. Vivir es ser conscientes de nosotros mismos y de los demás en todo momento, conscientes de nuestro espíritu, de nuestra mente con sus pensamientos, de nuestro cuerpo con sus sensaciones, sus percepciones... Ser conscientes es darnos cuenta de lo que percibimos, de lo que sentimos, de lo que pensamos, de cómo obramos y por qué. Ser conscientes es saber que *somos aquí y ahora* y que nuestra finalidad en la vida no es un simple pasar, sino que, por ser seres humanos, tenemos el deber ineludible de humanizarnos más cada día, es decir, de *ser más* cada día. Ese es nuestro fin último, nuestro objetivo vital, aunque para alcanzarlo tendremos que ir logrando metas parciales, cuya consecución exige un trabajo paciente, prolongado y animoso.

Dada esta explicación a nadie se le ocurrirá identificar el *vivir mejor* a que hago referencia con un vivir más cómodamente, tener más dinero, más amigos, más satisfacciones, aunque de forma implícita conlleve también todo esto, puesto que, al vivir mejor nuestra vida, seremos más conscientes de todos los bienes, de todas las categorías que poseemos, los experimentaremos mejor y nos causarán mayor placer y alegría.

Hablábamos de tarea y vamos a realizarla. Nuestra vida es demasiado importante como para dejarla al albur de las circunstancias; por eso hemos de controlarlas y modificarlas en nuestro propio beneficio, si no queremos que nuestra vida, que es lo único que tenemos realmente, se asemeje a una barca sin vela ni timonel, que se mueve a merced de las olas y termina naufragando o destrozada contra las rocas del acantilado. Se puede argumentar que las circunstancias están ahí, que son ajenas a nuestra voluntad; es verdad también que las personas con las que nos relacionamos tienen cada una su forma de comportamiento particular y que nosotros no podemos hacer nada al respecto. ¿Estamos seguros de que verdaderamente no podemos hacer nada? Si miramos dentro de nosotros mismos, si somos valientes para ser sinceros, veremos que sí, que tenemos el poder de cambiarnos a nosotros mismos, trabajando en la consecución de nuestro proyecto de vida. Para ello sólo necesitamos lo siguiente:

— Convencernos plenamente de la necesidad del cambio.

— Tener fe inquebrantable en que podemos realizar este cambio.

— Estar dispuestos a realizar todo lo que sea preciso para conseguir este cambio.

Para convencernos de la necesidad absoluta de que

en nuestra vida se produzca un cambio, ya sea pequeño o más importante, es preciso, en primer lugar, hacer un alto en el camino, pararse a reflexionar, de la misma manera que el caminante se detiene de vez en cuando, sobre todo cuando llega a alguna encrucijada; se fija en las calles por donde pasa, en algún edificio que le sirva de referencia para constatar que va en la dirección correcta. Si por casualidad se siente con dudas o se cree perdido, pregunta a algún transeúnte para no dar vueltas inútiles que le hagan perder el tiempo y alejarse, aunque sea momentáneamente, de su destino. Muchas veces esta persona preguntada es tan gentil que se brinda a acompañar, ya que se dirige al mismo lugar. De la misma forma te pregunto: ¿Me permites que vaya contigo puesto que tenemos que hacer el mismo camino?

Lo primero que vamos a hacer es tomar papel y lápiz (utensilios que tendremos a mano a lo largo de todo el capítulo) para responder de la forma más ajustada posible a una serie de preguntas. Tenemos que ser sinceros con nosotros mismos porque si no el ejercicio no tendría validez, de modo que no llegaríamos a saber si estamos satisfechos de la forma en que se desarrolla nuestra vida. Para realizar nuestro proyecto, para marcarnos nuestros objetivos de cambio, debemos ser conscientes de lo que somos aquí y ahora, saber dónde estamos, de qué punto partimos.

Ya tienes ante ti tu cuaderno, que ha de ser personal y usado sólo para este cometido, y tu lápiz. Y aquí tienes las preguntas:

1. ¿Qué significado tiene para ti tu historia personal?
2. ¿Estás satisfecho de lo que has conseguido hacer hasta ahora con tu vida?
3. ¿Eres consciente de que tu vida se desarrolla en varios planos, espiritual, físico y mental, y que todos ellos requieren tu atención?

4. ¿Eres asimismo consciente de que tu vida diaria abarca dos categorías globales, individual y de relación con los demás, y de que esta última se subdivide a su vez en varias categorías que engloban el ámbito familiar, profesional, de amistad...?

5. ¿Cómo te sientes interiormente al darte cuenta de que te centras en algunas de estas categorías en detrimento de otras?

6. ¿Te das cuenta de que lamentándote no consigues nada más que empeorar tu estado anímico?

7. ¿Eres consciente de que lo más adecuado es preguntarte, mantener un diálogo contigo mismo para saber qué es lo que hay que hacer para remediar una situación no deseable?

No respondas con un simple sí o no, aunque tampoco te alargues demasiado. Lo más importante es que pienses, te aísles de todo, te quedes contigo mismo, con tus dudas, con tus sueños, con tus deseos y... que te respondas. Es contigo con quien tienes tu responsabilidad, es contigo y sólo contigo con quien tienes el compromiso de ir «creando» de forma continua y permanente la obra de arte que es tu vida.

Ya hemos reflexionado y hemos contrastado la vida que tenemos con la que deseamos tener, hemos llegado así al íntimo y pleno convencimiento de que se impone un cambio en nuestra trayectoria vital. Pero... nos sentimos abrumados. ¡Hay tantas cosas por modificar! ¡Cuidado! No nos dejemos llevar por el agobio, que no nos asalte la angustia. No pretendamos batirnos en todos los frentes, porque si lo hacemos de esta forma es probable que nos desanimemos al comprobar lo ingente de la tarea, nos paralicemos, no hagamos nada, ni poco ni mucho, y nos sintamos fracasados, sin ánimos para intentarlo de nuevo. Vamos a proceder con paciencia, sin prisas pero sin pausas.

Primero vamos a ser indulgentes con nosotros mismos. No nos vamos a recriminar haber perdido el tiempo, no haber hecho las cosas mejor, haber cometido errores que han traído a nuestra vida insatisfacciones, descontento y verdaderos malos ratos, difíciles de superar en muchas ocasiones. Sin caer en la autocomplacencia y sin renegar del pasado, puesto que se comprende lo que se es en relación a las experiencias vividas; vamos a aplicar en nosotros mismos la paciencia de que hablábamos antes. Pensemos que hemos venido al mundo sin un manual de instrucciones, que en muchas ocasiones no se nos ha indicado lo que era pertinente hacer y que hemos ido haciendo las cosas según nuestro propio entender (y muchas veces ni eso, porque no nos hemos fiado de nosotros mismos). Reconozcamos que lo que hemos hecho o dejado de hacer ha sido lo que podíamos, dadas las circunstancias propias y del ambiente. Perdonémonos a nosotros mismos y perdonemos también a los demás, a aquellos que tuvimos junto a nosotros; pensemos que ellos también estaban en la misma oscuridad en que nosotros nos encontrábamos y que, probablemente, también tuvieron el deseo de seguir el camino mejor, haciendo lo que tenían que hacer de la manera que juzgaron más idónea. Vamos no sólo a perdonar sino también a admirar. Admirarnos a nosotros mismos; admirar, respetar a los que en el pasado formaron parte de nuestra vida y a los que hoy se encuentran a nuestro lado o forman parte de nuestro ámbito más o menos cercano. Esta admiración está justificada por el valor que tanto unos como otros demostramos diariamente al exponernos a la vida, prestos a realizar el compromiso de vivir y «vivir mejor» cada día.

Ahora que estamos en paz con nosotros mismos y con los demás dejamos volar nuestra imaginación y soñamos con la forma de vida que querríamos para nosotros en el plazo de un año, por ejemplo, partiendo del día de la fecha en que estamos haciendo la lectura de esta página. Anotamos el día de hoy en el margen izquierdo y la misma fecha, pero correspondiente al año que viene, en el derecho. En el centro escribimos, sin someternos a ningún tipo de censura, los diez objetivos que quisiéramos conseguir o cualidades que desearíamos integrar a nuestra personalidad. Escribamos lo primero que nos venga a la mente, atreviéndonos a soñar, sin que nos limiten para nada nuestras creencias equivocadas de infravaloración.

La finalidad de esta tarea es ejercitar la imaginación; aprender a soltarnos, sin tener en cuenta para nada si las imágenes que nos surgen son extravagantes o excéntricas. Simplemente queremos soñar y demostrarnos que tenemos múltiples alternativas.

Es evidente que entre todos estos deseos que hemos escrito habrá alguno que revestirá la máxima importancia o supondrá una necesidad más urgente. ¿Ya está elegido? Pues ese será el que constituya el objetivo prioritario, aquel en que nos centraremos para ir llegando poco a poco al proyecto que es el eje central de nuestra existencia.

Piensa que al actuar en pro de tu objetivo mejoran también otros aspectos de tu vida. Cuando te pones en marcha, cuando «haces» para alcanzar un objetivo propuesto, también consigues que tus fuerzas modifiquen otros elementos que podemos considerar coadyuvantes. Por ejemplo, supongamos que te has propuesto ver el lado positivo de los contratiempos que te ocurran a diario, procurando que no puedan contigo; esto lo haces por higiene mental, pensando en tu propio bienestar psíquico, sin tener en cuenta para nada el efecto que va a tener en tu relación con los demás. Sin embargo, este efecto se produce, pues, al estar más tranquilo, con semblante incluso sonriente, haciendo gala del sentido del humor en situaciones que en otros pueden provocar ira, enfado o ansiedad, resulta que consigues que la gente se acerque a ti, que tome en serio tu palabra en los momentos precisos y que te muestre mayor simpatía. Has conseguido tu objetivo: estás más tranquilo, más sereno, contento contigo mismo; pero también se ha ampliado el círculo de personas que te consideran agradable, amistoso, un «buen tipo», en suma, con lo que tienes mayores motivos de satisfacción.

Supongamos que has entresacado de la lista que has escrito un objetivo, que puede ser, por ejemplo, conseguir un ascenso importante en la empresa en que trabajas. Toma otra vez tu cuaderno y tu lápiz y disponte a responder las siguientes preguntas:

1. ¿Deseo conseguir este objetivo por mí mismo o por los demás, por lograr su aprecio o sentirme más importante?
2. ¿Qué estoy dispuesto a dar de mí mismo, de mi tiempo, de mis diversiones, para conseguir lo que deseo?
3. ¿Estoy dispuesto a ver el tiempo que dedico, las diversiones que pospongo para dedicarme más intensamente a llevar a cabo mi objetivo, como una inversión que repercutirá en unos beneficios para mi vida y no como un pesado sacrificio?
4. ¿Estoy dispuesto a afrontar las responsabilidades inherentes al cargo al que aspiro?
5. ¿Estoy dispuesto a soportar las desventajas que el cargo conlleva, por ejemplo, el estrés, o la posible incomprensión por parte de los míos?
6. ¿Estoy dispuesto a la *acción* de la misma manera que me entrego al ensueño?
7. ¿De verdad vale la pena el esfuerzo en alcanzar lo que deseo en detrimento de mantener lo que poseo? (También puede constituir un objetivo hacer lo posible por mantener lo que se tiene.)
8. ¿Una vez conseguido mi deseo tendré la fuerza suficiente para mantenerme en el puesto y no temeré el triunfo?

Como en las anteriores preguntas, no respondas con un simple sí o no. Este ejercicio no es un test, sino que tiene la finalidad de ponerte en contacto contigo mismo, de que te familiarices con las dificultades que puedes encontrarte al iniciar tu proceso de cambio. Quizá, conscientemente, desees lograr tu objetivo, pero en tu interior te encuentres con resistencias, porque el inconsciente es reacio al cambio. No importa. Si tú no te has impuesto un objetivo porque sí, sino que después de sopesar las razones que lo avalan te has decidido y has clarificado tu dirección, podrás solventar esta cuestión con tu trabajo con imágenes. En este trabajo los hemisferios derecho e izquierdo del cerebro colaboran, se ponen de acuerdo: el hemisferio izquierdo, racionalista, expone la idea; el hemisferio derecho, intuitivo, imaginativo, aporta la imagen de esa idea, integra el deseo y, de alguna manera, se va acostumbrando a *verlo,* lo asimila, de forma que de rémora —ya que se le considera receptáculo del inconsciente— pasa a ser ayudante. Es importante que el trabajo con imágenes sea realizado de manera periódica y, preferiblemente, a la misma hora, para dar lugar a que cristalice el pensamiento; también conseguirás, de paso, por medio de la repetición, reforzar tu habilidad en la visualización, ya que el cerebro fija los hábitos valiéndose de la práctica continuada.

No hay duda de que si hemos llegado hasta aquí poseemos la fe inquebrantable de la que hablábamos al principio, como una de las condiciones indispensables para iniciar nuestro proceso de cambio. Esta fe ha de estar centrada en nosotros mismos, en nuestras posibilidades. Pensemos que no nace en nosotros un deseo si antes no hay una semilla que pueda desarrollarse con cuidados y buen riego. Creamos en nuestras posibilidades, ejercitemos nuestra autoestima y aumentemos la confianza en nosotros mismos. Recordemos a Medea en su tragedia, cuando, a la pregunta de con quién cuenta para hacer frente a sus desgracias y numerosos enemigos, responde: «Conmigo misma, conmigo misma, afirmo, y es suficiente.» Nosotros tenemos la suerte de contar también con algo más: con las personas que nos rodean y nos quieren, con el ambiente que parece modificarse al producirse en nosotros el deseo de cambio, ya que cambia nuestro estado de ánimo y vemos las cosas de manera más favorable. Pero en el centro de todo esto estamos nosotros. Si no creemos en que *podemos conseguirlo,* no se realizará la magia de la transformación.

Ahora, con el convencimiento de que tenemos cosas por modificar, firmemente convencidos de que podemos realizar este cambio, vamos a centrarnos en la acción para conseguir el objetivo elegido. Desechamos todo lo negativo, todo aquello que nos puede apartar de su logro y empezamos dando el *primer paso,* que es el de visualizar la *imagen de nuestro objetivo ya logrado.*

Antes de comenzar el ejercicio conviene repasar el capítulo XII, dedicado a la visualización, y tener en cuenta algunas puntualizaciones, que aunque parezcan reiterativas son de suma importancia.

— Tú eres quien crea las imágenes, pero necesitas el soporte de la *pantalla mental,* cuyo papel es el de permitir que te centres absolutamente en tus imágenes creativas, que deben considerarse totalmente separadas de las imágenes que acuden a nuestra mente a lo largo del día sin ser convocadas.

— Para situar la pantalla mental cierra los ojos y, manteniendo los párpados cerrados, elévalos ligeramente, como unos veinte grados; en esa superficie que abarques pon los límites de tu pantalla.

— Al proyectar tus imágenes no lo hagas sobre los párpados cerrados, sino en la superficie que has creado fuera de ti para tu pantalla mental.

— Recuerda que las imágenes han de ser precisas, bien determinadas y claras, iluminadas de tal manera que parezcan reales.

— Ten en cuenta que has de estar completamente relajado, física y mentalmente, pero con una *relajación controlada,* ya que vas a ejercer una actividad y necesitas estar despierto.

— El trabajo de visualización no es un simple pasar de imágenes, sino un diálogo contigo mismo, por eso *te tienes que hablar* y *te tienes que escuchar.*

— Recuerda que los sentimientos y las emociones tienen que estar presentes para activar los resultados. Si así no fuera, el cerebro, que no distingue entre una experiencia real de una interna, captaría tu indiferencia y la tomaría como una demostración de que no estás realmente interesado en la resolución del asunto.

— Recuerda que los elementos emotivos imprescindibles son:

a) El *deseo.* Sólo intentamos seriamente aquello que deseamos.

b) La *fe.* Fe personal, íntima, de que aquello que queremos lo vamos a conseguir.

c) La *confianza* en que todo se va a materializar según lo proyectamos.

Quizá pienses que fe y confianza son lo mismo; no es así, aunque una es impensable sin la otra. Podemos decir que son interdependientes. La fe está dentro de nosotros, es más íntima, la confianza está en la respuesta que esperamos de fuera. Sirva un ejemplo: yo tengo fe —aunque no piense en ello siquiera— en que el agua se distribuye por las cañerías, para servicio de los usuarios, por eso abro el grifo para que el agua surja instantáneamente, confiando y sin dudar que esto va a suceder. La creencia está en mí, pero espero algún resultado de fuera.

— Es preciso que los pasos del ejercicio los des siempre de manera precisa, lenta y ordenada porque el cerebro va trabajando de acuerdo a la repetición.

— Recuerda que, aunque aquí se dé un ejercicio como guía, cada uno irá creando su propia técnica personal, ya que cada individuo tiene su forma particular de sintonizar con su propio cerebro.

Hemos elegido como objetivo tipo un ascenso, pero cada persona puede servirse de su propio objetivo para realizar el ejercicio; por eso es conveniente leerlo antes de empezar a trabajar e introducir los cambios que se estimen oportunos. Sería aconsejable que cada uno reescribiera a su modo, de acuerdo a sus necesidades particulares, aunque siguiendo los pasos establecidos para que el ejercicio se realice con más fluidez.

Comenzamos el ejercicio y para ello nos acomodamos, según lo visto en el capítulo XII, en un lugar tranquilo, sin distracciones.

1. Cerramos los ojos.
2. Nos relajamos por medio de ejercicios respiratorios: diez inhalaciones y exhalaciones de manera natural y rítmica son suficientes.
3. Elevamos ligeramente los ojos manteniéndolos cerrados.
4. Creamos la pantalla mental en el área que abarcan nuestros ojos, pero fuera de nosotros mismos (no proyectar las imágenes en los párpados).
5. Traemos a esta pantalla nuestra propia imagen en el momento actual, tal como nos encontramos, tal como nos sentimos; con nuestras dificultades, con nuestras satisfacciones y alegrías.

El objetivo es reconocernos a nosotros mismos, prestarnos atención, apreciarnos en lo que valemos, en lo que hemos conseguido, pequeños o grandes éxitos que nos han conducido hasta aquí. Tenemos que amarnos por lo que «somos aquí y ahora», si queremos iniciar nuestra transformación consciente y pacientemente y deseamos tener éxito en esta intención de cambio. Nos *vemos* a nosotros mismos, iluminamos nuestra imagen y la precisamos con claridad. Nos *sentimos* interiormente, nos preguntamos y nos escuchamos, *oímos* nuestra propia voz explicándonos cómo hacemos las cosas, por qué las hacemos de una determinada manera. Nos explicamos a nosotros mismos por qué hemos elegido el objetivo que nos ocupa. Nos animamos y actualizamos nuestro deseo de conseguir nuestro objetivo con el aliento de nuestra fe y la seguridad de nuestra confianza.

6. Proyectamos ahora la imagen de nuestro objetivo conseguido. Como era un ascenso importante en la empresa donde trabajamos, podemos imaginar el lugar en el que se van a desarrollar nuestras actividades. Elegimos nuestro despacho por ser el ámbito más personal. Proyectamos en nuestra pantalla dicho despacho y lo vamos *viendo* con detalle: nos fijamos en el suelo, si es de parqué, moqueta, si tiene alfombras y qué superficie cubren las mismas. Pasamos la vista por las paredes y captamos su color, si están revestidas de madera o enteladas. Vemos por dónde entra la luz, nos fijamos en la orientación de las ventanas, si están cubiertas con cortinajes o diáfanas, lo que nos permitiría contemplar el panorama exterior. Escuchamos si hay música ambiental y si llega algún ruido del exterior. Nos fijamos en el mobiliario, en su estilo, en los elementos que lo componen y cómo están dispuestos; vemos dónde está nuestra mesa y qué objetos hay encima; estamos sentados en nuestra silla, ante nuestra mesa y, con nuestro papel, realizamos nuestro trabajo. Vemos, incluso *leemos,* la documentación que estamos manejando, y nos *sentimos* a nosotros mismos en ese momento valorando los argumentos que pensamos esgrimir para defender nuestra opinión en un determinado caso.

Puede parecer bastante prolijo, pero de lo que se trata es de que la escena representada se ajuste lo más posible a la realidad, sea lo más vívida posible, para acostumbrar al cerebro, que, como se ha dicho anteriormente, funciona dentro de situaciones que le son familiares.

7. Mantenemos esta escena iluminada, precisa, bien clarificada, mientras pronunciamos palabras afir-

mativas, de certeza y confianza en el resultado, sintiendo que ya es real.

8. Conseguido el éxito de nuestro objetivo proyectado, apagamos nuestra pantalla.

9. Volvemos a hacernos conscientes de nuestra respiración.

10. Hacemos suaves movimientos y nos situamos en la realidad abriendo los ojos.

Después del ejercicio, y a lo largo del día, conviene seguir con las actividades ordinarias sin obsesionarse ni angustiarse para nada por la obtención de resultados, ya que esto es contraproducente pues nos distrae de la atención que debemos prestar a lo que nos rodea y nos puede impedir, incluso, ver pequeñas señales que son como avisos de que las cosas se están «preparando» para activar los resultados. Es muy importante que estemos alerta a los acontecimientos exteriores y nos fijemos en nuestras propias respuestas a los mismos para no desaprovechar ninguna oportunidad.

Mantengamos una actitud totalmente abierta a la esperanza en los resultados, y si hay dificultades examinemos los objetivos, quizá no sean los adecuados, o quizá estemos empleando una estrategia equivocada.

Recordemos también que una programación bien practicada, bien visualizada, siempre da resultados, aunque éstos algunas veces no parezcan tal y como esperamos que se desarrollen; no obstante, siempre los vamos a reconocer si permanecemos atentos.

Hay que mantener una actitud atenta, receptiva, para captar la reorganización que se produce, tanto en nuestro aspecto exterior como en el interior, por lo que debemos tener la flexibilidad suficiente para reorganizar nuestros objetivos en función de dichas transformaciones.

Es absolutamente necesario que nos marquemos metas si queremos remontarnos de nuestra situación actual, incluso para mantenernos en ella, pues es bien sabido que quien no avanza retrocede.

Dividamos cada una de estas metas en sus componentes, que serán nuestros objetivos más inmediatos y démonos diariamente el impulso para conseguirlos.

Marquemos nuestras metas de forma realista y equilibrada, teniendo en cuenta nuestra situación, nuestras posibilidades y nuestras necesidades intelectuales, emocionales y físicas, sin perder de vista que para humanizarnos más, para «ser más», hemos de desarrollarnos diariamente en los planos material, mental y espiritual.

No tengamos miedo a marcarnos alguna meta alta, ideal, utópica incluso, pues, aunque parezca inalcanzable, siempre será positivo que desarrollemos nuestras energías trabajando a diario para conseguirla.

Recordemos los versos de Edmond Rostand, cuando Cyrano de Bergerac se inventa el viaje a la luna para distraer al Caballero de Guixe:

Se sienta uno en un disco de hierro.
Luego se lanza al aire un pedazo de imán, el disco
va en su busca, como tras su amo el perro.
Se le coge en el aire. Se arroja nuevamente.
El disco da otro salto para subir tras él.
Y así puede seguirse indefinidamente.

— Vivir es ser conscientes de nosotros mismos, de los demás y de todo lo que nos rodea.

— El primer objetivo, el absolutamente ineludible es el de humanizarnos cada día más. Todos los demás objetivos dependen de éste.

— Para tomar decisiones equilibradas que conduzcan a objetivos eficaces, es necesario detenerse a reflexionar.

— La reflexión ha de ser seria, responsable, detallada, comprometiéndose con la misma, para obtener de ella el máximo provecho.

— Llegados al punto de lo que deseamos modificar para vivir mejor nuestra vida, no debemos agobiarnos ante la magnitud de la tarea.

— Hay que establecer metas parciales que, gradual y pacientemente, nos irán conduciendo a la gran meta.

Trabajo personal

— De todas las ideas expuestas en este capítulo, ¿con cuáles me identifico más? ....

....

....

....

— ¿Cuáles me afectan más directamente? ....

....

....

....

— ¿Qué debería cambiar, mejorar o potenciar en mi vida a la vista de cuanto acabo de leer? ....

....

....

....

— ¿Cuándo empezaría este cambio o mejora? ....

....

....

....

— ¿Qué obstáculos preveo que podrían surgir? .....

....

....

....

— ¿Cómo los superaría? ....

....

....

....

— Expreso en pocas y claras palabras el objetivo que me marco y que me comprometo a lograr ....

....

....

....

— Observaciones ....

....

....

....

XV. TU MAYOR EXITO: SER FELIZ

Ser feliz, bien obrar y vivir bien son una misma cosa.

ARISTÓTELES

LA FELICIDAD, UN IDEAL A TU ALCANCE

Sin duda, con el éxito persigues algo muy concreto: ser feliz. Pero, ¿te has parado un instante a pensar lo que es la felicidad y en qué consiste? ¿Sabrías definirla? Es difícil encontrar una buena definición de felicidad y quizá la mejor sea tan sencilla como ésta: «Una predisposición a sentirnos bien y a gusto con nosotros mismos y con los demás.»

La felicidad es tanto un estado de ánimo, aquello que llamamos coloquialmente «momentos felices», como un rasgo de carácter, una actitud que puede aprenderse. ¿Cómo? Fundamentalmente encarando desde la niñez pequeñas dificultades, adecuadas a la edad y al desarrollo personal; atesorando éxitos más o menos importantes que elevan tu autoestima y aumentan el sentimiento de ser competente; recibiendo una educación en valores humanos como el respeto, el amor, la sinceridad, la generosidad, la alegría de vivir, la tolerancia, la justicia, la fidelidad, la sencillez y la naturalidad, la confianza y la esperanza, la fortaleza, el sentido del humor, la disponibilidad, la lealtad, la amistad, la buena voluntad, la elegancia... (ya nos hemos referido a ellos).

Si deseas convertir en un rasgo de carácter la felicidad o la predisposición a sentirte bien contigo y con los demás, pueden servirte de ayuda los diez puntos que expongo a continuación.

Decálogo para ser feliz

1. *Define claramente cuál es tu proyecto de vida.* Ama ese proyecto y procura que uno de los puntos claves sea hacer el bien, la generosidad y la actitud de servicio. Entrégate con ilusión, alegría y pasión a la realización de ese ideal. Recuerda con Eduardo Palleiron que tenemos sólo la felicidad que hemos dado.

2. *La ira, la ansiedad, el sentimiento de culpabilidad, la intolerancia y el odio son los mayores causantes de infelicidad y desdicha.* Controla bien tus nervios y no permitas que el mal humor, y las actitudes violentas te dominen. Por eso, lo mejor es que pases a la acción y cultives cada día la templanza, los sentimientos de generosidad y paz interior.

3. *Mantén una buena higiene mental aceptando lo bueno y lo malo de tu pasado.* No permitas que el futuro te inquiete y vive siempre un presente de plenitud en el que «la alegría de vivir» sea una constante, capaz de disipar temores, inquietudes y penas. Recuerda que la felicidad no está en poseer muchas cosas, sino en el modo de ganarlas.

4. *Piensa que el bien, la bondad, el éxito y la belleza están en tu interior y en la capacidad de disfrutar las cosas cotidianas y sencillas.* Si así lo decides, puedes «entrenar» tu corazón para ser una persona positiva, propiciar el éxito y ver la belleza y bondad en cuanto hagas o te suceda. Con razón decía A. Lincoln

que casi todas las personas son tan felices como deciden serlo.

5. *No olvides jamás que la felicidad camina siempre al amparo y al abrigo de la verdad, la autenticidad y la virtud.* La mentira y la falsedad, antes o después, te conducirán a la ruina física y moral, a la desgracia. Te recuerdo estas palabras de Boecio: «El que es virtuoso es sabio; el que es sabio es bueno y el que es bueno es feliz.»

6. *Disfruta cada día de lo que eres y de lo que tienes.* Pero, sobre todo, disfruta sabiendo que con tu vida contribuyes a que otros sean menos desgraciados y un poco más felices.

7. *La naturaleza está rebosante de vida, de verdad, de bondad y de belleza.* Amala con todas tus fuerzas, llénate de ella, aspira su aroma con toda la potencia de tus pulmones; que todos tus sentidos la contemplen y disfruten sin límites; acompasa tu ritmo y los latidos de tu corazón a sus latidos, y te sentirás inundado de salud, dicha y felicidad.

8. *Busca siempre en todo lugar, en todo momento y situación y ante cualquier persona la paz, la serenidad y el equilibrio interior como el más preciado logro.* Sólo desde la tranquilidad del espíritu, desde la calma, desde la perfecta coherencia interna, se puede acceder a la verdadera felicidad.

9. *Nada enriquece tanto como la práctica del perdón y de la generosidad,* dar y compartir cosas; salir de uno mismo y sentir los éxitos de los demás y su felicidad como propios. Goethe decía siempre que el hombre más feliz era el que sabía reconocer los méritos de los demás y se alegraba de los bienes ajenos como si fueran suyos.

10. *No te olvides de perdonarte, de tratarte con ternura, de valorarte, de ser tu mejor amigo y aceptarte como eres.* No hagas depender tu felicidad de lo que los demás piensen o digan de ti, de lo que te estimen y valoren. *La felicidad auténtica,* como ya he dicho, *se genera*

en tu interior, «desde dentro hacia afuera y no al revés». Termino este decálogo para la felicidad con unas palabras de E. J. Hardy:

> «La felicidad no depende de lo que nos falta, sino del esmerado cultivo y administración de lo que tenemos. La felicidad se hace, no se halla. Brota del interior, no viene de fuera.»

Es posible que después de lo leído hasta aquí tu concepto de la felicidad se haya enriquecido y tus deseos de felicidad se hayan hecho más vehementes, porque reconoces que, de acuerdo a tus nuevos parámetros, no es algo inalcanzable, sino que se puede lograr si se desea ardientemente, se tiene fe y esperanza en conseguirla y se trabaja por ella. La felicidad como meta debe ser proyectada desde ella y con ella. No se puede aspirar a conseguirla desde un ánimo pesimista y desesperanzado ni con una mente plagada de sentimientos negativos. Para emprender el camino de la felicidad y con la felicidad es preciso limpiar nuestra mente, y esto lo conseguiremos creando pensamientos positivos, revistiéndonos de sentimientos positivos que nos ayuden en nuestra empresa. Nótese que hago hincapié en crear, no en eliminar, y esto es así porque nuestra mente tiene horror al vacío y si eliminamos simplemente, no sabemos qué es lo que puede ocupar el hueco dejado; en tanto que si creamos, elegimos los pensamientos y sentimientos que van a expulsar poco a poco todo lo negativo que actúa como rémora de nuestra vida. De esta forma sabemos de antemano cuáles son los pensamientos, cuáles son los sentimientos que nos van a motivar y al mismo tiempo van a constituir nuestro bagaje, del que nos vamos a nutrir y del que vamos a obtener apoyo a lo largo del camino en pos de nuestras metas.

Para impulsarnos a este deseo vehemente de creación de nuestra propia felicidad vamos a releer los puntos del decálogo, pero lo vamos a hacer no desde el punto de vista del que busca unas reglas, unas normas, sino desde la perspectiva de la reflexión, del paso amable del que mira, observa y asimila.

1. El *definir claramente nuestro proyecto de vida* nos *crea una sensación de tranquilidad:* Sabemos a dónde vamos y qué es lo que tenemos que hacer para llegar. Consecuentemente, desaparecen las sensaciones de ansiedad, angustia e incertidumbre que provocan confusión en nuestra mente y pérdida de energías en todo nuestro ser.

Fortalece nuestra voluntad en seguir nuestros propósitos, ya que al sentir nuestras fuerzas focalizadas en un punto experimentamos un nuevo vigor, aumentando así la fe en nuestras posibilidades.

Nos anima a poner en juego nuestras facultades creativas, ya que al ir desapareciendo el miedo nos atrevemos a pensar mejor de nosotros mismos, a valorarnos mucho más y a establecer metas cada vez más acordes con lo que deseamos obtener de la vida y para la vida.

Hace aumentar nuestra autoestima. Se dice que *desilusión* y *depresión* son la misma sensación que nos produce la realidad que nos disgusta. Lo que hace que varíen y se conviertan en una u otra es la actitud que tomamos ante ella. Si me entrego al disgusto, mis energías se diluyen en lamentos. Me deprimo con la consiguiente disminución de mis fuerzas y me empantano, por lo que necesitaré que alguien más fuerte me tienda su brazo para salir del marasmo. Si, por el contrario, ante un problema que surge me desilusiono porque la realidad no se produce conforme a mis expectativas, pero busco en seguida la forma de solucionarlo y pienso en las posibilidades alternativas que se me ofrecen para salir de él, significa que no me he dejado caer en manos de la desilusión, que no me he dejado abatir por las circunstancias, sino que he sabido dominarlas, salir de la prueba no sólo con bien, sino enriquecido. He eliminado de mis alforjas el lastre del temor y me he revestido de la luz que me ilumina en mi camino. Creo en mí y en mi objetivo y el calor de esta luz me anima a perseguir mi deseo y pone alas en mis pies para alcanzarlo.

2. *Controlar tus emociones no significa que no las sientas* y que te obstines en rechazarlas. Tienes que sentirlas, porque son las emociones que te proporciona tu humanidad. Si estuvieras desprovisto de la capacidad de sentir y emocionarte serías una máquina andante y parlante, carente de vida. Tienes que sentir tus emociones, porque si no, ¿cómo podrías controlarlas?

Las emociones no son ni buenas ni malas en cuanto al aspecto moral se refiere. Si las canalizamos y las hacemos servir a nuestros fines pueden valernos para impulsarnos, nos mueven y nos hacen seguir nuestro rumbo; si nos dejamos llevar de ellas crean en nosotros el caos, la confusión, nos hacen dirigir nuestras energías en diferentes sentidos, con lo que se pierden y cada vez vemos más lejano el norte que nos servía de guía.

Para contrarrestar este peligro reconoce tus emociones y polarízalas según te convenga en cada caso. Crea en cada momento la emoción positiva que anule la negativa que obstruye tu camino. Tienes que reflexionar, adentrarte en ti mismo para conocer cuáles son los mayores obstáculos, la estrategia para sortearlos o eliminarlos, y después pasar a la acción, sin perder la calma, seguro de que puedes porque quieres poder.

3. *No te encadenes al pasado porque te inmovilizarás.* No puedes hacer nada para recoger tus palabras ni puedes borrar las acciones que crees equivocadas, pero *sí que puedes, aquí y ahora* pronunciar la palabra adecuada en el momento adecuado y realizar la acción apropiada en el momento apropiado. Si te aplicas serenamente a poner en práctica este consejo verás cómo te reconcilias con tu pasado y no te inquietarás por el futuro. Tus «yos» anteriores y tus «yos» posteriores al momento en que vives, totalmente integrados, contribuirán

a que el juego de tu vida sea más enriquecedor, más vital y más humano porque dispondrás del caudal de experiencias pasadas, del caudal de ilusiones para el futuro y de la acción del momento eternamente presente.

4. De la misma manera que la belleza está en el ojo del espectador, según frase de Margaret Wolfe Hungeford, *la felicidad se encuentra en nuestro corazón,* no fuera de nosotros. Somos nosotros los que decidimos nuestros estados emocionales que contribuirán a hacer nuestra vida más tranquila y placentera o, por el contrario, llena de dudas, ansiedades o angustias.

La realidad está ahí, formando parte de nuestra vida cotidiana, con sus acontecimientos placenteros en algunos casos, indiferentes en otros y contrarios a nuestros deseos en ocasiones; a veces constituye un obstáculo para el cumplimiento de nuestras metas y, por consiguiente, es internamente rechazada por nosotros, generando emociones negativas que nos impiden tener una visión clara de la situación.

¿Hay algo en nuestra mano, poseemos algún instrumento que nos pueda hacer dueños de las circunstancias? Sobre éstas no podemos ejercer ningún dominio, como tampoco podemos controlar las ideas y los comportamientos de las personas que nos rodean; donde sí podemos ejercer nuestro control absoluto es sobre nuestra forma de ver la realidad, sobre nuestras creencias, que nos conducen a verla de una manera u otra; sobre las palabras que nos dirigimos a nosotros mismos ante los diversos acontecimientos y sobre las acciones emprendidas. Vamos a ir por partes para ver cómo se desarrolla el proceso:

— El acontecimiento está ahí, en nuestra realidad circunstancial.

— Yo valoro el acontecimiento según unas creencias previas.

— Según dicha valoración me hablo a mí mismo y creo en mi interior un estado emocional acorde con mi diálogo interno.

— Actúo en consonancia con las palabras que me he dirigido, o no actúo, lo que en definitiva es una acción de omisión.

Este proceso, tan sencillo en su descripción y prácticamente instantáneo en la vida real, constituye la fuente de nuestras desdichas o el manantial del que proceden nuestras alegrías, nuestras acciones más queridas, nuestros más soñados y acariciados logros. En este proceso se basa el que diferentes personas, puestas en circunstancias similares, desarrollen comportamientos diferentes que tengan como consecuencia resultados diametralmente opuestos.

Veamos un ejemplo:

Escojamos como acontecimiento una circunstancia no deseable, pero algo más habitual de lo que quisiésemos que fuese:

De la noche a la mañana una persona se ve inscrita en la oficina de Empleo. Se ha quedado parada.

Comienzan las valoraciones del hecho y, según éstas, empieza a decirse palabras a sí misma:

«Es una situación catastrófica. No sé qué voy a hacer para mantener a mi familia. Me siento humillado, mi mujer y mis hijos no me van a respetar si no soy capaz de mantenerlos como hasta ahora. Mis conocidos van a dudar de mi valor como profesional.» Podría seguir agregando un largo etcétera que no haría más que encoger nuestro corazón, por lo que habrá que ver cuál será el estado emocional de la persona que así se habla. Hará falta mucha comprensión, mucho tacto por parte de los que le rodean y mucha fuerza de voluntad por su parte para hacer que vea la realidad de otra forma, modifique las palabras que a sí mismo se dirige y actúe para salir de la sima en que ha caído.

No se llega a este estado por haberse quedado en el paro; esta circunstancia sólo ha sido la ocasión desencadenante. Han sido las palabras, las frases, que nada tienen que ver con la realidad, las que han generado estas ideas equivocadas que, a su vez, han provocado las emociones negativas que han ido apoderándose del ánimo de la persona.

Para evitar esta situación de hundimiento y marasmo hay que ver la realidad tal cual es. Hay que establecer un careo entre lo que la persona se dice a sí misma y lo que es la realidad desnuda.

Despojada la situación de toda envoltura emotiva, la persona se habla guiada por la razón:

«¿Cómo veo el acontecimiento? Constituye un revés muy importante (no hay que negar la realidad y decirse que no tiene importancia). Pero no es una catástrofe.»

«Mi familia no carecerá de lo necesario, aunque haya que hacer algunos ajustes en el presupuesto durante un tiempo.»

«¿Quién me ha dicho a mí que el respeto de mi mujer y mis hijos se funda en el hecho de que yo les mantenga en una situación de bienestar?»

«¿Quién dice que yo no sea un buen profesional, aunque circunstancialmente me encuentre sin trabajo?»

Es evidente que diciéndose a sí misma estas frases la persona no llegará al estado de postración anterior, sino que *reconociendo la importancia del acontecimiento,* no negando lo que éste supone en su vida, se hará cargo de él tomando las riendas de la situación. Deberá comenzar una nueva andadura, considerándose no una persona derrotada, sino una persona cuyo trabajo temporal consiste en buscar trabajo. Con el convencimiento de que encontrará empleo más tarde o más temprano, si no ceja en su empeño de buscarlo.

El ejemplo anterior es lo suficientemente descriptivo como para ilustrar la afirmación de que somos nosotros los que creamos nuestros estados internos, lo que nos permite minimizar nuestras emociones negativas y establecer la justa medida de lo que nos sucede. Pero no pensemos que este control anula nuestras emociones, muy al contrario. La capacidad de hacer brotar en nuestro interior el estado deseado, nos hace más receptivos a todo lo agradable que sucede en nuestra vida, a todo lo que favorece nuestros logros, a todo el bien, a toda la belleza, maximizando de esta manera nuestras emociones positivas.

5. *Para disfrutar realmente de la vida es necesario sentirse a gusto consigo mismo,* y esto no se consigue si no somos coherentes, si nuestros hechos no responden a nuestras palabras y a nuestros sentimientos, que deben ser cultivados en la tierra de nuestro espíritu, enriquecida con las ideas de bondad, verdad y transparencia que harán que nuestra vida adquiera un valor inmenso para nosotros mismos y para los que nos rodean.

6. *Disfrutar cada día de lo que eres no significa que te propongas ser feliz siempre.* No es necesario que digas que nunca te vas a dejar llevar del pesimismo, que nunca van a vencerte las dificultades. No, la cuestión es mucho más sencilla. Es mucho más fácil que cada día al levantarnos contemos los recursos de que disponemos para vivir íntegramente nuestra jornada, los carguemos en nuestro hatillo, después de dar las gracias, y empecemos a vivir ese día, pensando en que nuestra tarea está en ir dando cada paso de la mejor manera, para ir acercándonos a nuestra meta, procurando que el día de hoy sea mejor que el de ayer.

7. *Te será más fácil disfrutar de lo que te rodea si te abres a los demás,* bañas tu espíritu en la luz de la sana alegría que dispondrá tu mente a una mayor lucidez, tu cuerpo a una mejor salud y todo tu ser a una mayor sensibilidad para alcanzar una vida íntegra y plena.

8. *Para lograr el equilibrio interior aprende de la creación* que aprovecha la desnudez de los árboles para ir concentrando la energía en los troncos y reverdecer con mayor pujanza en la primavera. Los animales que invernan en sus madrigueras no hacen otra cosa que acumular vitalidad que fructificará a su tiempo en nue-

vos retoños. Así puedes ir contemplando todos los elementos de la naturaleza, en sus distintos ciclos, que se renueva constante, pero equilibrada y pacientemente, y no se rebela de forma inútil. De la misma manera, cuando sucede lo inevitable, nuestro espíritu debe mantenerse sereno, expectante, para poder dilucidar cuál es la decisión más adecuada para poner el remedio.

9. *Perdón a nosotros mismos,* amor incondicional a nosotros mismos, deseos de ser mejores, deseos de una vida mejor para nosotros mismos. Esta es la premisa esencial para que podamos ejercer el perdón con los otros, para que amemos incondicionalmente a los demás y deseemos para ellos una vida mejor.

No temo ser reiterativo a la hora de hablar de perdón porque, aparte de ser consejo evangélico, constituye una buena medida de higiene mental: no poseeremos equilibrio interno, calma y serenidad para actuar conveniente y libremente en pro de nuestros logros, si permanecemos atados al resentimiento, al temor y a la frustración.

10. *Sin caer en narcisismo enfermizo, valórate;* piensa que la opinión más importante sobre ti mismo es la tuya. Cuida tu cuerpo, porque es el instrumento con el que tienes que llevar a cabo tus acciones. Cultiva y entrena tu mente para que inspire y sea el motor de tus acciones. Y para que tus logros sean efectivos y felices recuerda que tus metas son intenciones de cambio encaminadas a enriquecer tu vida, no a imponerte duras obligaciones inalcanzables; en consecuencia, debes procurar que estas metas sean equilibradas, acordes con tu personalidad, y que sean para ti fuente de felicidad en su logro y en su búsqueda.

— La felicidad no es una conquista momentánea y pasajera; es un estado de ánimo que podemos crear nosotros mismos con nuestros pensamientos, sentimientos y acciones.

— La felicidad se ve anulada por el descontrol de nuestras emociones y por el sentimiento de culpabilidad.

— No encadenar nuestra vida al pasado es una buena medida para mantener el ánimo tranquilo y sereno.

— Hay que vivir el presente aceptando y agradeciendo lo que se tiene. Disfruta de ello y aprovéchalo para conseguir tus éxitos.

— Perdonarte, perdonar y compartir con generosidad tus dones con los demás es expresión de la felicidad generada en tu interior.

— *Para sentirte bien has de tratarte bien:* cuidar tu cuerpo, cultivar tu espíritu, porque si no haces nada por ti mismo, ¿qué puedes ofrecer a los demás?

Trabajo personal

— De todas las ideas expuestas en este capítulo, ¿con cuáles me identifico más? ....

....

....

....

— ¿Cuáles me afectan más directamente? ....

....

....

....

— ¿Qué debería cambiar, mejorar o potenciar en mi vida a la vista de cuanto acabo de leer? ....

....

....

....

— ¿Cuándo empezaría este cambio o mejora? ....

....

....

....

— ¿Qué obstáculos preveo que podrían surgir? .....

....

....

....

— ¿Cómo los superaría? ....

....

....

....

— Expreso en pocas y claras palabras el objetivo que me marco y que me comprometo a lograr ....

....

....

....

— Observaciones ....

....

....

....

EPILOGO: SABIDURIA Y DISCERNIMIENTO

Sabiduría es el conocimiento de la verdad última de todas las cosas o el correcto entendimiento de la realidad en cualquier nivel, basado en la realidad de lo que *es* y no en las apariencias.

La sabiduría está relacionada con el autoconocimiento, está en conexión con la intuición, pues por la percepción intuitiva podemos hacer consciente de forma directa la sabiduría que se oculta en nuestro ser esencial.

El sabio conoce las causas reales del sufrimiento y sabe cómo evitarlo si le es posible o cómo integrarlo en su vida. Conoce los secretos de la verdadera felicidad y por eso la logra y la derrama a su paso.

El *discernimiento* no es otra cosa que la *aplicación de la sabiduría en la elección de las actitudes y las obras.* Es la elección sabia, es *la sabiduría activa y dinámica,* tanto en lo físico como en lo mental y psíquico. Actuar con discernimiento es hacer en cada momento lo mejor para uno y para el bien universal. Es hacer lo que promueve la madurez interior.

Los pensamientos y las máximas de grandes filósofos, pensadores y escritores que ofrezco a continuación a la reflexión serena, profunda y detenida, ayudarán al lector a incrementar su sabiduría y discernimiento para lograr el verdadero éxito en cuantos objetivos se proponga en su vida.

«Es necesario aparecer un poquito loco ante la gente para seguir avanzando.» (Wilhelm Raabe.)

*

«La palma que corona al vencedor germina solamente en las azarosas horas de *prueba.*» (Jean R. von Salis.)

*

«Los hombres superficiales creen en la suerte y creen en las circunstancias... Los *fuertes* creen en las causas y en los efectos.» (Emerson.)

*

«El último escalón de la mala suerte es el primero de la buena.» (C. Dosi.)

*

«La puerta de la fortuna es muy pequeña: solamente pasamos inclinando la cabeza y el dorso. Los *puestos elevados* se parecen a ciertos árboles, a cuya cima no llegan más que las águilas o los reptiles.» (F. Pananti.)

*

«Existe una puerta por la que puede entrar la buena o la mala suerte, pero sois vosotros los que tenéis la llave.» (Proverbio japonés.)

*

«*Suerte* es la más de las veces el nombre que se aplica al mérito de los demás.» (Etienne Rey.)

*

«Quien supo *sufrir y esperar,* supo vencer su fortuna.» (Salustio.)

*

«Se necesita un *espíritu fuerte* para conservar la moderación cuando todo fracasa.» (Séneca.)

«El que desconoce la *desgracia* no aprende a captar ni a detener la fortuna.» (David Veit.)

*

«La mayoría de las veces el éxito depende de saber cuánto se ha de tardar en lograrlo.» (Montesquieu.)

*

«El éxito no es nunca una donación, sino una conquista.» (O. S. Marden.)

*

«El secreto del éxito en la vida de un hombre está en prepararse para aprovechar la ocasión cuando se presente.» (Benjamin Disraeli.)

*

«Cree a quien lo ha intentado.» (Virgilio.)

*

«Las palabras pueden ser bellas, también los sueños, también las esperanzas.» (F. Clifton White.)

*

«Vemos el éxito que un hombre ha alcanzado, pero olvidamos el trabajo, el sufrimiento y los peligros que ha tenido que atravesar antes de llegar a ello.»

*

«El secreto del éxito es un secreto a voces. Pero son voces que todos pueden oír y pocos quieren escuchar.»

*

«La sabiduría no nos viene dada, sino que debemos descubrirla para nosotros mismos, después de un viaje que nadie puede ahorrarnos o hacer por nosotros.» (Marcel Proust.)

«Sólo los curiosos de espíritu aprenden y sólo los resueltos vencerán las dificultades del aprendizaje. El coeficiente de curiosidad siempre me ha fascinado más que el coeficiente de inteligencia.» (E. S. Wilson.)

*

«Las cosas ganadas ya están hechas; la esencia del gozo consiste en hacerlas.» (William Shakespeare.)

*

«No busques, alma mía, la vida de los inmortales; sino que goza al máximo de los recursos que están a tu alcance.» (Píndaro.)

*

«La vida no consiste en tener buenas cartas, sino en saber jugar bien las que tienes.» (John Billings.)

*

«Nuestras vidas son canciones: Dios escribe la letra y nosotros ponemos la música que queremos y la canción se hace alegre, dulce o triste, según el compás que hayamos imaginado para ella.» (Ella Wheelel Wilcox.)

*

«La vida puede ser una aventura intrépida, o nada.» (Hellen Keller.)

*

«La gente buena es buena porque ha llegado a la sabiduría gracias al fracaso.» (William Saroyan.)

*

«Elige batallas lo suficientemente grandes como para que sean importantes, y lo suficientemente pequeñas como para ganarlas.» (Jonathan Kozol.)

«Dios repartió las cargas, pero también los hombros para llevarlas.» (Refrán yiddish.)

*

«El hombre es su propia estrella; y el alma, capaz de hacer que se vuelva honesto y perfecto, dirige toda luz, toda influencia, todo destino.» (John Fletcher.)

*

«Un problema es una oportunidad que tienes de hacerlo lo mejor posible.» (Duke Ellington.)

*

«Carecer de algo que le haga sentirse importante es casi la mayor tragedia que puede ocurrirle a un ser humano.» (Arthur Morgan.)

*

«La experiencia es el nombre que todo el mundo da a sus equivocaciones.» (Oscar Wilde.)

*

«Las equivocaciones son la antesala del descubrimiento.» (James Joyce.)

*

Aspira al éxito,
no a la perfección.
Nunca renuncies al derecho que tienes
de equivocarte,
porque, si no, perderás la capacidad de aprender
cosas nuevas
y de avanzar en tu vida.
Recuerda que el miedo siempre se oculta bajo
las ansias de perfección.
Encarar tus miedos
y permitirte a ti mismo el derecho de ser humano
puede,
paradójicamente, hacerte una persona muchísimo
más fecunda y feliz. (Doctor David M. Burns.)

«No temas dar un gran paso si hace falta. No puedes cruzar un abismo de dos saltitos.» (D. Lloyd George.)

*

Decide lo que quieres,
decide lo que eres,
disponte a cambiarte por ello,
establece tus prioridades
y empieza a trabajar. (James H. L. Hunt.)

*

«Mi función en la vida ha consistido en hacer claro lo que ya brillaba de un modo deslumbrante.» (Quentin Crisp.)

*

«Todo lo que puedas hacer o sueñas hacer, comiénzalo. La audacia contiene genio, poder y magia.» (Goethe.)

*

A menudo la gente intenta
vivir su vida al revés;
intenta tener muchas cosas,
o tener más dinero,
con la intención de poder hacer
lo que de verdad le gusta,
y así ser más feliz.
Pero la manera en que suele funcionar
es la contraria.
Primero debes ser la persona
que tú eres de verdad,
y luego hacer lo que tengas que hacer
para obtener
lo que quieres. (Margaret Young.)

En la providencia de la mente
lo que uno cree que es verdad
o es verdad
o llega a serlo. (John Lilly.)

*

«Yo he encontrado poder en los misterios del pensamiento.» (Eurípides.)

*

«Nunca pienses que algo puede ser ventajoso para ti si ello te obliga a faltar a tu palabra o a perder el respeto que te debes a ti mismo.» (Marco Aurelio.)

*

«La victoria pertenece a los más perseverantes.» (Napoleón.)

*

«En mitad del invierno descubrí, finalmente, que había en mí un verano invencible.» (Albert Camus.)

*

«El perfeccionamiento consiste, no en hacer cosas extraordinarias, sino en hacer cosas ordinarias extraordinariamente bien.» (Angélique Arnauld.)

*

«Acordaos de que nunca alcanzaréis meta más elevada que la que vosotros os propongáis.» (E. G. White.)

*

«El viaje esperanzador es mejor que la llegada.» (R. L. Stevenson.)

*

«Las minúsculas cosas son gozos alrededor de las cuales giran grandes resultados.» (Cummung.)

«Lo que establece la diferencia entre el artífice y el artista, es la pequeña diferencia existente entre lo bueno y lo mejor.» (O. S. Marden.)

*

«El hombre se libera de todos los poderes que le encadenan al mundo cuando adquiere el dominio de sí mismo.» (Goethe.)

*

«Donde hay fuerza de voluntad hay medios.» (Proverbio inglés.)

*

«Las grandes almas tienen fuerza de voluntad, las débiles tienen apenas deseos.» (Refrán chino.)

*

«El hombre se hace grande o pequeño, según su propia voluntad.» (Schiller.)

*

«El hombre que es firme en la voluntad moldea el mundo para sí mismo.» (Goethe.)

*

«A la mayoría se les pasa la vida sin hacer nada; a muchos se les pasa en hacer lo que no deben; a otros, en hacer mal lo que hacen.» (Séneca.)

*

«La acción no siempre podrá traer felicidad, pero no habrá felicidad sin acción.» (Benjamin Disraeli.)

*

«El trabajo es una fuente segura de alegría y de salud. El perezoso debe sentir vergüenza de su inutilidad.» (Bourceau.)

«El cielo no ayuda al hombre que no quiere actuar.» (Sófocles.)

*

«No digas aún hay tiempo, porque el tiempo pasa muy deprisa.» (Buda.)

*

«Nadie en el mundo puede mostrarte la puerta o darte la llave para abrirla, nadie más que tú mismo.» (J. Krishnamurti.)

*

«¿Ama usted la vida? Entonces no desperdicie el tiempo, pues de tiempo está hecha la vida.» (Benjamin Franklin.)

*

«El valor del hombre equivale a su autoestima.» (François Rabelais.)

*

«El aprendizaje no es una tarea ni un problema, es una manera de estar en el mundo. El hombre aprende cuando lucha por alcanzar las metas y proyectos que significan algo para él.» (Sidney Jourard.)

*

«Vive como si fueras a morir mañana. Aprende como si fueras a vivir siempre.» (Gandhi.)

*

«No hay en todo el mundo un triunfo verdadero que pueda separarse de la dignidad en el vivir.» (David S. Jordan.)

«El hombre honrado es el que mide su derecho por su deber.» (Henri Lacordaire.)

*

«El verdadero fruto de nuestras obras consiste en haber obrado honestamente; y ningún premio digno de las virtudes puede estar fuera de ellas.» (Séneca.)

*

«La honradez es siempre digna de elogio, aun cuando no reporte utilidad, ni recompensa, ni provecho.» (Cicerón.)

*

«No conozco ningún hecho más alentador que la incuestionable capacidad del hombre para dignificar su vida por medio del esfuerzo consciente.» (Henry David Thoreau.)

*

«Lo que conseguimos con demasiada facilidad nunca es objeto de gran estimación. Sólo lo que nos cuesta obtener otorga valor a las cosas. El cielo sabe poner un precio adecuado a sus bienes.» (Thomas Payne.)

*

«Lo que importa más nunca debe estar a merced de lo que importa menos.» (Goethe.)

*

«La repetición es la madre de la habilidad.» (Mr. Shoaff.)

*

«No desees que las cosas sean más fáciles, desea ser mejor; no desees menos problemas, desea tener más habilidad para resolverlos; no desees que eliminen pruebas en tu camino, sino desea superarlas.» (Mr. Shoaff.)

«Si algo puede fallar, fallará.» (Ley de Murphy.)

*

«La alegría entra en nuestra vida cuando tenemos algo que hacer, algo que amar, algo que empezar.» (Joseph Addison.)

*

«La prosperidad es obra de gente trabajadora; no del gobierno.» (Phil Gramm.)

*

«Sólo trabaja eficazmente por la paz del mundo quien vive en paz en su propio mundo.» (Darío Lostao.)

*

Hasta aquí has leído lo que otros opinan del éxito ... y tú, ¿qué dices?

Piensa, reflexiona y escríbelo con tus propias palabras. Ten confianza en ti mismo y expón a tu manera tu idea del éxito. Será un poderoso estímulo que te impulsará a seguir el camino que tú mismo has trazado para lograr tus objetivos.

Impreso en LITOGRAFÍA ROSÉS, S. A.
Progrés, 54-60. Polígono La Post
Gavá (Barcelona)